Die FehlerHilfe

Das Aktiv-Training gegen typische Fehler

Deutsch

Rechtschreibung 7.–9. Schuljahr

Schroedel

Die FehlerHilfe

Deutsch Rechtschreibung
7.–9. Schuljahr

Autor:
Andreas Eberle unterrichtet Deutsch, Geschichte und Geographie am Gymnasium und gibt Nachhilfe für Schülerinnen und Schüler aller Schularten.

Druck [1] / Jahr 2011

Redaktion: imprint, Zusmarshausen
Kontakt: lernhilfen@schroedel.de
Herstellung: Sandra Grünberg
Umschlaggestaltung und Innenlayout: tiff.any GmbH, Berlin
Illustrationen: Hans-Jürgen Feldhaus, Münster
Satz: imprint, Zusmarshausen
Druck und Bindung: westermann druck GmbH, Braunschweig

ISBN: 978-3-507-**23203**-7

Inhaltsverzeichnis

Vorwort

Liebe Schülerin, lieber Schüler,

du möchtest weniger Fehler machen und deine Noten verbessern? Dann ist **Die FehlerHilfe** genau das Richtige für dich! **Die FehlerHilfe** hilft dir, typische Fehler zu vermeiden und so deine Leistungen zu steigern.

Zu jedem wichtigen Thema gibt es ein Kapitel. Jedes Kapitel beginnt mit einem Auszug aus einer Klassenarbeit. Hier siehst du, welche Fehler häufig gemacht werden. Sind in deiner Klassenarbeit ähnliche Fehler angestrichen? Dann solltest du dieses Kapitel auf jeden Fall bearbeiten!

Die Kapitel bestehen aus folgenden Bausteinen:

Regeln Hier wird leicht verständlich erklärt, welche Regeln du beachten musst, um typische Fehler zu vermeiden.

Übungen Mithilfe der Übungen kannst du die Regeln aktiv trainieren.

Tipps Eingestreute Tipps geben dir zusätzliche Hilfestellungen.

Fehler-Check Am Ende des Kapitels kannst du den Test machen: Alles fehlerfrei?

Die **Lösungen** zu den Übungen und zum Fehler-Check findest du am Ende des Buches.

Und nun kannst du dem Fehlerteufel den Kampf ansagen!

Viel Erfolg wünscht dir
Andreas Eberle

Soforthilfe

Grundprinzipien der deutschen Rechtschreibung

In Afriga verdienen Menschen ihren Lebensuntehalt oft als Pau- III
ern. Das ist in Europa nicht mehr die Reggel. Viele sind hier I
Handwercker oder Arbeiter. Reuber gibt es fast überall auf der II
Welt, aber das ist unretlich. Manche Putzen oder Entwickeln III
Computerprogramm. Die Art des arbeitens heißt Dienstleistung. II

Regeln

In unserer Rechtschreibung gibt es drei grundlegende Rechtschreibprinzipien: Das **Lautprinzip**, das **Wortstammprinzip** und das **Grammatikprinzip**. Es lohnt sich, diese drei Prinzipien zu beherrschen, denn damit kannst du schon fast alles, in der Regel mehr als 90 Prozent, richtig schreiben!

1. Unter dem Begriff **Lautprinzip** versteht man, dass die meisten Wörter so geschrieben werden, wie man sie hochdeutsch spricht. Jedem Laut sollte ursprünglich einmal ein Buchstabe entsprechen.
   Beispiele: *Afrika, Lebensunterhalt, Bauern, Regel*

2. Viele Wörter sind eng miteinander verwandt, weil sie den gleichen **Wortstamm** haben. Dieser bedeutungstragende Kern des Wortes wird in allen verwandten Wörtern gleich (z. T. mit Umlaut) geschrieben:
   Beispiele: *-werk- (Handwerker, Werkzeug, werken), -raub- (Räuber, geraubt, Raubfisch), -red- (unredlich, Rede, geredet)*

3. Beim **Grammatikprinzip** achtet man darauf, wie das Wort verwendet wird. Man überlegt, ob es z. B. als Nomen (= Substantiv; Großschreibung) oder als Verb oder Adjektiv (Kleinschreibung) verwendet wird. Weil man das aus dem Textzusammenhang erschließen kann, nennt man dieses Prinzip manchmal auch Kontextprinzip.
   Beispiele: *putzen, entwickeln (Verben), des Arbeitens (Substantiv)*

Übungen

1 Entscheide bei den folgenden Wörtern nach dem Lautprinzip, wie man sie schreibt. Sprich dir die Wörter dabei laut vor und halte dich dabei ans Hochdeutsche.

Fa(m/mm/n)ilie ________________ Archi(d/t)ekt ________________

Hoch(g/k)lanz ________________ H(a/ah)ken ________________

de(ngg/ng/nk)en ________________ F(u/uh/uu)ß ________________

(D/T)an(d/t)e ________________ W(a/aa/ah)genrad ________________

Tipp Nicht immer schreiben wir nach dem Lautprinzip. Das beste Beispiel für einen **Verstoß** gegen das Lautprinzip ist der Sch-Laut: Beachte den Unterschied bei den Wörtern **Schule** (hier brauchen wir gleich drei Buchstaben) und **spielen** (nur ein **s** kennzeichnet den Laut). Solche Wörter musst du dir einprägen. Ähnliche Abweichungen gibt es z. B. auch bei lang gesprochenen Vokalen und beim S-Laut. Vergleiche hierzu die Kapitel 2 und 3.

2 Manchmal sind wir unsicher, wie wir Wörter, die auf **b/p**, **d/t** oder **g/k** enden, schreiben. Gesprochen werden sie meist wie **p, t, k**.
Hier hilft es, diese Wörter zu verlängern und genau hinzuhören.
Den Laut, den du dann hörst, schreibt man auch in der Ausgangsform.

Abend/t *Abende, Abend*

hard/t ________________

Korb/p ________________

Werg/k ________________

Zwerg/k ________________

3 Finde Wörter, die die genannten Wortstämme beinhalten.

-weis- *weise, Weisheit, weissagen, klugerweise, probeweise*

-haus- ______________________

-klar- ______________________

-treff- ______________________

-trink- ______________________

-lach- ______________________

-hand- ______________________

-strick- ______________________

-traum- ______________________

4 Überlege dir, ob man an den gekennzeichneten Stellen die Wortanfänge groß oder klein schreibt. Achte dabei darauf, ob das Wort als Nomen (Substantiv) verwendet und deswegen großgeschrieben oder als Adjektiv oder als Verb verwendet und deswegen kleingeschrieben wird.

Immer wieder hörte man aus dem Zimmer ein (F/f)__rohes und lautes (L/l)__achen in den Garten (D/d)__ringen. Daran war bestimmt der (K/k)__leine Friedrich (S/s)__chuld, wenn man von (S/s)__chuld in diesem Zusammenhang überhaupt sprechen kann. Vater meinte in diesen Fällen meist, dass es doch (R/r)__echt so ist, dass die Kinder so viel Spaß miteinander haben. „Kommt doch heraus, wir wollen jetzt (S/s)__chwimmen gehen!“, rief er den Jungen im Haus zu. „(S/s)__chwimmen – um diese Zeit? Gibt’s denn kein Mittagessen? Ich muss etwas (E/e)__ssen, ich habe so Hunger!“, antwortete

Karl durchs Fenster. „Gut, du hast (R/r)__echt!“ Da musste das (S/s)__chwimmen also noch einige Zeit warten. Denn nach dem (E/e)__ssen soll man ja bekanntlich nicht gleich ins Wasser gehen!

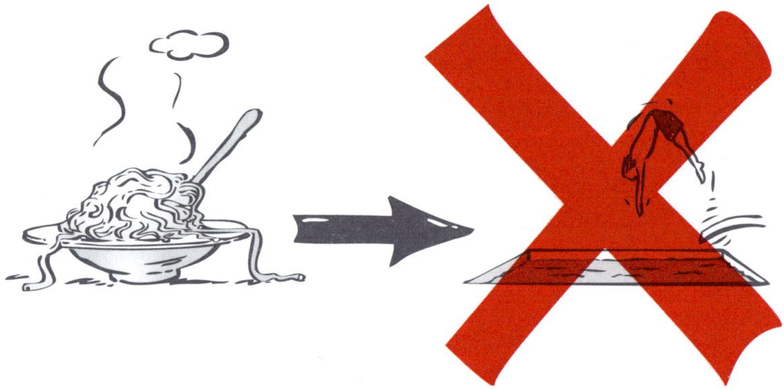

Tipp Zum Grammatikprinzip gehört auch, dass man Satzanfänge großschreibt. Dies gilt immer dann, wenn nach einem Satzschlusszeichen ein neuer Satz folgt. Wird ein Satz in einen anderen Satz nur eingeschoben (Kennzeichnung durch Komma oder Gedankenstrich), schreibt man klein weiter:
Beispiele: *Eines Tages, es war mitten Mai, schneite es.*
Ich bitte dich – ein Versehen war's – um Entschuldigung!

Rechtschreibtipps in Kürze

Es gibt natürlich viele Übungsmöglichkeiten, sodass du deine Fehlerschwerpunkte erkennen und dagegen ankämpfen kannst. Die nachfolgenden Kapitel helfen dir dabei. Allerdings gibt es auch ein paar allgemein gültige Regeln, die dir, wenn du sie beachtest, schnell helfen können, dich in der Rechtschreibung zu verbessern:

1. Ein **Rechtschreiblexikon** neuesten Datums muss an deinem Arbeitsplatz liegen. Getreu dem alten Motto „Man muss nicht alles wissen, man muss nur wissen, wo es steht" sollst du bei jeder Unsicherheit nachsehen. Jeder kann Fehler vermeiden, wenn man bei Zweifeln so handelt. Und bedenke: Ein Rechtschreiblexikon, das im Bücherschrank im Wohnzimmer steht, holst du dir wahrscheinlich nicht – der Weg ist ja so weit ... Mache es dir einfach: Lege das Lexikon bereit.
   Alle Wörter sind alphabetisch geordnet, Verben suchst du in der Infinitivform (Grundform), bei zusammengesetzten Wörtern musst du oft jedes einzelne Wort nachschlagen.

2. Oft helfen dir bereits in der Grundschule gelernte, aber vielleicht wieder vergessene **Rechtschreibstrategien**. Denke an Artikelprobe (Einsetzen eines Artikels vor einem Wort möglich → Nomen (Substantiv) → Großschreibung), Verlängerungsprobe (z. B. Setzen eines auf einen Konsonanten endenden Nomens in den Plural → Unterscheidung von **t/d**, **k/g**, **p/b** und **ß/s** durch lautes Sprechen möglich), Grundformbildung (Suche nach dem Wortstamm) und Zerlegung von zusammengesetzten Wörten (besseres Erfassen der Einzelschreibungen).
   Beispiele:
   *Artikelprobe: der/die/das + **H**aus, fort, fantastisch, **B**rille, **H**of*
   *Verlängerungsprobe: Wal(d/t) → Wäl**d**er, kal(d/t) → käl**t**er*
   *Grundformbildung: Gr(ä/e)ser → Gr**a**s, R(äu/eu)me → R**au**m*
   Zerlegung: Kernkraftwerksgelände → Kern+kraft+werk(s)+gelände

3. Das Anlegen einer **Rechtschreibkartei** ist besonders für Wörter zu empfehlen, die du immer wieder falsch schreibst. Sicher fallen dir da sofort Beispiele ein. Manchmal hat man ein Wort auch schon häufig im Lexikon nachgeschlagen und kann es sich einfach nicht merken. Schreibe diese Wörter auf Karteikarten (richtige Schreibung mit dem Lexikon kontrollieren). Wenn du einen kleinen (oder größeren) Stapel davon hast, beginne damit, dir die Schreibungen erneut einzuprägen. Lasse dir dann die Wörter von einem Partner diktieren und kontrolliere anschließend mithilfe der Karteikarten. Hast du das Wort richtig geschrieben, wandert es in einen zweiten Stapel. Hast du es falsch geschrieben, bleibt es im ersten Stapel. Wiederhole diese Übung mit dem ersten Stapel jede Woche, mit dem zweiten Stapel jede zweite Woche.
   Du kannst diesen Trick auch auf drei Stapel ausweiten. So lernst du im Laufe der Zeit auch die schwierigsten Wörter sicher zu schreiben.

4. Manche glauben, dass viel Lesen auch viel für die Sicherheit im Rechtschreiben bringt. Leider stimmt das nur teilweise, weil wir, wenn wir erst einmal richtig lesen können, nur noch unbekannte Wörter wirklich buchstabenweise erfassen. Meist erkennen wir die Wörter an ihrem Schriftbild und schauen sie gar nicht mehr genau an. Viel besser ist es, wenn wir **Abschreiben**. Nimm dir ein gutes Buch, eine gute Tageszeitung oder dein Deutschbuch und schreibe längere Texte konzentriert ab. Dabei prägst du dir die Schreibung sehr gut ein. Lustig kann auch ein **Laufdiktat** sein. Dabei legst du den Text, den du abschreiben willst, einige Meter entfernt von deinem Schreibtisch hin und merkst dir immer einen Satz oder einen Teil davon, gehst dann zum Schreibtisch und schreibst ihn auf. Dann beginnt das „Spiel“ von vorn. Wichtig ist, dass du deine Fassung anschließend sorgfältig mit dem Ausgangstext vergleichst und Falsches nochmals richtig schreibst!
   Hilfreich ist es, wenn dir ein Partner vor deiner eigenen Korrektur deinen Text zuverlässig durchsieht und dir deine Fehlerzahl sagt, ohne dass die Fehler angestrichen sind. Du glaubst gar nicht, wie konzentriert du dann anschließend danach suchst.

Fehler-Check

Hier brauchst du einen Partner: Diktat.
Zuerst wird der Text einmal vorgelesen, dann werden die Sätze abschnittsweise diktiert. Satzzeichen werden mitdiktiert. Danach wird das Ganze nochmals zusammenhängend vorgelesen und am Ende darfst du es noch fünf Minuten still auf Fehler durchsehen, bevor kontrolliert wird. (Eventuell auch als Laufdiktat möglich, dann aber mit langen Wegen!)

Rechtschreibung ist eigentlich keine Kunst, sondern erlernbares Handwerk. Für manche Schüler ist allerdings ein Haken dabei: Das Üben und Wiederholen ist unbedingt nötig! Klar ist, dass man richtig Schreiben nicht im Schlaf oder beim Träumen erlernt. Der Weise, so lautet ein alter Spruch, liest und schreibt behände, ob in der Familie oder in der Schule. Dabei weiß jeder, dass richtig Schreiben Arbeit ist. Und Arbeiten strengt an. Aber wenn wir beständig an uns arbeiten, dann werden wir immer besser. Und es macht jede Menge Freude, wenn man merkt, dass die Fehler, die man macht, weniger werden und der Fehlerteufel die Macht über uns verliert! Übung macht den Meister. Ich wünsche dir viel Erfolg, Ausdauer und nicht zuletzt auch Spaß beim Üben!

☐ **Fehler**	**0 – 3 Fehler** **Super!**	**4 – 6 Fehler** **In Ordnung!**	**mehr als 6 Fehler** **Bitte noch einmal üben!**

2 Lange und kurze Vokale

Wie schreibt man lang gesprochene betonte Vokale?

Immer wieder fehgt der Reegen über die schönen Hahre der III
Määdchen hinweg. Das Loob, das sie vorhin noch von der II
Jury bekommen hatten, ruhft inen nun niehmand mehr hinterher. III
Es ist schon traurig, wie schnell der Rum der Büne vergeen III
kann. Eben noch ein belibtes Motiev für die Fotograhfen, nun III
nichts mer wehrt! II

Regeln

Unbetonte Vokale werden kurz gesprochen und mit einfachem Buchstaben geschrieben. **Aufpassen müssen wir bei betonten Vokalen.** Diese werden in unserer Sprache nicht gleich lang gesprochen. Die Vokallänge hat oft, aber nicht immer Auswirkungen auf die Schreibung der Vokale:

1. Häufig werden die langen Vokale **a, e, o** und **u** nicht gekennzeichnet.
   Beispiele: *Rat, fragen, Regen, beten, Tod, Buch, suchen*

2. In manchen Fällen wird der lange Vokal durch ein **nachgestelltes h** angezeigt. Wir nennen das dann **Dehnungs-h**. Es kann nach allen Vokalen und Umlauten vorkommen. Meist stehen unmittelbar danach die Buchstaben **l, m, n** oder **r.**
   Beispiele: *Zahl, wählen, mehr, ihm, Wohl, Höhle, Ruhm, Bühne*

3. Beim **lang gesprochenen i** ist es besonders schwierig: Manchmal wird es nicht gekennzeichnet (wie bei Regel 1), manchmal gilt Regel 2, meist wird es als **ie** geschrieben, gelegentlich kann man auch **ieh** sehen:
   Beispiele: *Maschine, Kilo, ihr, Ihnen, viel, Schließe, Vieh, fliehen*

4. Selten wird ein Doppelvokal **aa, ee** oder **oo** geschrieben.
   Beispiele: *Saal, Haar, Beere, Tee, Boot, Zoo*

12

Übungen

1 Unterstreiche in der nachfolgenden Wortschlange Wörter mit lang gesprochenem Vokal und schreibe sie anschließend nochmals geordnet und in korrekter Groß- bzw. Kleinschreibung auf.

ENDEVERGESSENGEBÜHRBRAVLOSEFASSENHOFGEFÜHLMOHR

MONDFUSSHANDLUNGBISSSTAHLSEHRTADELTROCKENLAHMEN

VERMUTENACKERHEBENHITZEKÜHLUNGRUHRBISSCHENSPITZE

IHNENKAMINTROTZSCHWERMITTAGSJAHRTROCKENDASSDREIE

Ohne Längenkennzeichen:

brav, ____

____

____

____

Mit Dehnungs-h:

Gebühr, ____

____

____

____

Tipp Besonders in Fremdwörtern – ob wir sie als solche noch erkennen oder nicht – wird der lang gesprochene **I-Laut** durch einfaches **i** geschrieben. Präge dir diese Wörter gut ein: *Apfelsine, Gardine, Bleistiftmine, Mandarine, Beduine, Sardine, Kabine, Terrine, Ruine, Ski, Marine, Vitrine, Rosine*

2 Manchmal klingen Wörter gleich, haben aber eine unterschiedliche Bedeutung und werden auch unterschiedlich geschrieben. Trage die Wörter aus dem Wortvorrat ein, sodass sich ein sinnvoller Text ergibt.
Lid (Augenlid) ↔ Lied (Gesang), malen (Bild) ↔ mahlen (Müller), Mal (Muttermal) ↔ Mahl (Essen), mehr (viel mehr) ↔ Meer (die See), Mine (Bleistiftmine) ↔ Miene (Gesichtsausdruck), Mohr (veraltet und manchmal abwertend für Schwarzer) ↔ Moor (Sumpfgebiet), Stil (Benehmen, gutes Aussehen) ↔ Stiel (Besenstiel), Rum (Alkohol) ↔ Ruhm (Ehre), Wagen (Auto) ↔ Waagen (Sg. Waage), Wal (großer Fisch im Meer) ↔ Wahl (Auswahl, Möglichkeit)

Morgens singt der alte Joe immer ein __________ und ist dabei sehr fröhlich. Man sieht es ihm schon an seiner __________ an! Sein __________ auf der linken Backe hüpft bei jedem Lachen, wenn er an seine Zeit als Matrose auf dem __________ zurückdenkt. Aber es war nicht immer leicht. Einmal wurde er fast von einem ______ verschluckt, als er morgens schon __________ von diesem braunen __________ getrunken hatte, als der Kapitän ihm erlaubt hatte. Der Schiffsjunge, ein dunkelhäutiger __________, versprach ihm ein Bild davon zu __________. Mit angespitzter __________ setzte dieser sich damals an Deck. Aber da kam der Kapitän. Wenn der schlecht gelaunt war, zuckte immer sein rechtes __________ am Auge. „Du hast keine __________! Wirf das Bild ins Wasser!“ Ja, das war ganz sein __________! Wenn er mittags zu viel beim __________ gegessen hatte, schimpfte er immer. Doch das macht Joe heute nichts mehr aus. Denn kurz nach ihrer Rückkehr von Haiti stürzte der Kapitän beim Spazierengehen in einem __________ und versank sofort. Später wurde der Sumpf dort trockengelegt und Getreide angebaut. „Wenn die jetzt Mehl ___________, dann wird daraus bestimmt ein Kapitänsbrot. Was nutzt ihm da noch der ganze ___________, auf den er zu Lebzeiten so stolz war?", lachte der alte Joe, setzte sich in seinen ___________ und fuhr zum Bäcker.

Tipp Manchmal tun wir uns schwer, die beiden Wörter „wider" und „wieder" zu unterscheiden. Überlege dir die genaue Bedeutung: Meinst du **„nochmals"**, schreibst du mit **ie** (Eselsbrücke: zwei Mal = zwei Buchstaben) **„wieder"**: *wiedergeben, die Wiederholung, wiederum, ein Wiedersehen, die Wiedergabe.*
Ist die Bedeutung **„entgegen"**, schreibst du mit einfachem **i** (Eselsbrücke: sieht wie ein Pfeil aus) **„wider"**: *erwidern, widerlich, der Widerwille, der Widerruf, der Widerstand.*

3 Jetzt üben wir die Schreibung des langen **I-Lautes**. Löse das folgende Silbenrätsel und denke dabei daran, dass wir **i, ie, ieh** oder **ih** schreiben können.

ren ▪ Lieb ▪ Pa ▪ ge ▪ An ▪ le ▪ Min ▪ bel ▪ nie ▪ fo ▪ pier ▪ te ▪ Ih ▪ em ▪ nen ▪ schieht ▪ zie ▪ Me ▪ Fi ▪ ute ▪ zin ▪ pfiehlt ▪ di ▪ hen ▪ ling

a) Anderes Wort für „(mein) Schatz" ___________

b) Er „rät dazu". = Er ... ___________

c) In der Apotheke kauft man ___________

d) 60 Sekunden sind eine ___________

e) Mit dem Handy kann man lange ___________

f) Schreibmaterial ___________

g) Erstes Lesebuch in der Schule ___________

h) Herr Maier, Ihr Buch gehört ... ___________

i) Karin jammert: „Ich habe nichts zum ... ___________

j) Es „passiert". = Es ... ___________

Tipp | Im Auslaut am Wortende wird der lange **I-Laut** immer mit **ie** geschrieben.
Beachte folgende Beispiele und merke sie dir: *wie, Knie(fall), die, Sie, Kompanie, Liturgie, nie, Demokratie, Harmonie.*

4 Manche lang gesprochenen **A-**, **E-** und **O-Laute** werden durch einen Doppelvokal geschrieben. Das kommt aber nicht oft vor. Verwendet man bei den betroffenen Wörtern z. B. im Plural den Umlaut, wird dieser nur einfach geschrieben. Setze die richtigen Schreibungen ein.

der _____l (Sg.) ↔ die _____le (Pl.), die B_____re (Sg.) ↔ die Beeren (Pl.), das Beet (Sg.) ↔ die B_____te (Pl.), das B_____t (Sg.) ↔ das B_____tchen (Verkleinerungsform), das Gel_____ (Sg.) ↔ die Gel_____s (Pl.), das Haar (Sg.) ↔ das H_____rchen (Verkleinerungsform), das H_____r (Sg.) ↔ die Heere (Pl.), die Id_____ (Sg.) ↔ die Id_____n (Pl.), der Kaff_____ (Sg.), l_____r (Adjektiv) ↔ leeren (Verb), das M_____r (Sg.) ↔ die Meere (Pl.), das Moor (Sg.) ↔ die M_____re (Pl.), das M_____s, das P_____r (Sg.) ↔ das _____rchen (Verkleinerungsform), der Saal (Sg.) ↔ die S_____le (Pl.), der St_____t (Sg.) ↔ die Staaten (Pl.), die W_____ge (Sg.) ↔ die W_____gen (Pl.)

Tipp | Doppeltes **ii** und **uu** gibt es nicht.

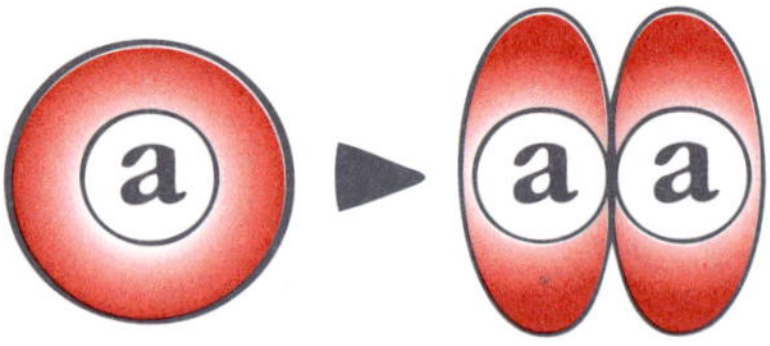

Fehler-Check

Setze in die Lücken ein: a ▪ ä ▪ aa oder ah.

der N____me, sie s____ es, die W____gsch____le, der Bischofsst____b, das S____tgut, ____s (ein totes Tier), das P____rchen, die Schl____g-s____ne, die M____nung, die Qu____l, das Schicks____l

e ▪ ee oder eh

die Märchenf____, der L____rling, das Volksbeg____ren, das Lorb____rblatt, ein schw____rer F____ler, die S____nsucht, der Kochh____rd, die Mülltonnenl____rung, die Ausd____nung, s____r bequ____m, die L____rerin, der L____m

i ▪ ie ▪ ieh oder ih

die Schw____rigkeit, ____r, die Law____ne, W____derschein, n____ und nimmer, das Blümchen ged____, die Gard____ne, die Ru____ne, er s____t, die Reg____rung, v____le, er st____lt, , die Pr____se, s____

o ▪ ö ▪ oo oder oh

m____siger Waldb____den, die Bel____nung, der Pil____t, die S____ße, der M____nkuchen, die D____le ist ein Vogel, r____te Rosen, l____se die Bande, der ____fen, die Glocke t____nt, die ____nmacht, ein B____tchen ist ein kleines B____t

u oder uh

die ____rkunde, sie ist ____ralt, die Sp____le, die Armband____r

☐ Fehler	**0 – 3 Fehler** Super!	**4 – 6 Fehler** In Ordnung!	**mehr als 6 Fehler** Bitte noch einmal üben!

Wie schreibt man kurz gesprochene betonte Vokale?

In diesem Somer fahren wir ans Meer. Schnel die Padel gepakkt IIII
und das Boot verstaut! Muter hilfft mit, alles in den Kofern zu III
verstauen. Ist das eine Hezzerei! Und wie groß ist nach wenigen I
Seckunden die Enttäuschung, wenn bei Ankuhnft Ebe ist! III

Regeln

Kürzung nennt man, wenn einem betonten Kurzvokal als Kürzungskennzeichen im Wortstamm mehrere Konsonanten folgen. Wie so oft, hilft uns genaues Hinhören beim Schreiben:

1. Hörst du bei einem kurzen betonten Vokal nur einen Konsonanten, wird dieser verdoppelt.
   Beispiele: *Ebbe, Schnalle, Pizza, Brunnen, flennen, irren, Sommer*
2. In manchen Fällen kannst du zwei oder mehr Konsonanten hören, wenn du genau hinhörst. Dann wird der erste nicht verdoppelt.
   Beispiele: *Hand, Karte, Falte, Topf, Tante, Onkel, warm*
3. Sonderregeln gelten bei **k** und **z**: Diese werden in deutschen Wörtern nicht verdoppelt, sondern als **ck** und **tz** geschrieben.
   Beispiele: *zwacken, wecken, rocken, Lack; Hitze, plötzlich, trotzdem*
   a) Allerdings wird nach **l, m, n** und **r** niemals **ck** geschrieben. **Einfaches k** gilt auch für die meisten Fremdwörter.
   Beispiele: *Balken, Imker, tanken, Markt; Sekunde, Doktor, Tabak*
   b) Und nach **l, n** und **r** sowie nach den Doppellauten wie **ei, au/äu** und **eu** steht niemals **tz**. Diese Schreibung gilt auch für einige Fremdwörter.
   Beispiele: *Salz, Kranz, Schmerz; Geiz, Schnauze, Käuzchen, Kreuzung; Prozent*

Übungen

1 Setze die Doppelkonsonanten FF, LL, NN, PP, RR und TT (wo immer möglich) in die Lücken ein und bilde so viele Wörter damit, wie jeweils in Klammern angegeben ist. Schreibe sie richtig daneben.

GRI___E (3): ______________________

HE___E (2): ______________________

HÜ___E (2): ______________________

MI___E (3): ______________________

PA___E (2): ______________________

RI___E (5): ______________________

____

SCHA___EN (4): ______________________

SCHNA___EN (3): ______________________

2 In einigen Ausnahmefällen wird von der Kürzungsregel abgewichen, d. h., es wird kein Doppelvokal geschrieben. Verwende alle nachfolgend aufgeführten „Kurzwörter" in selbst erfundenen Sätzen, die du in ein Heft schreibst. Unterstreiche diese Wörter farbig und vergleiche sie nochmals mit der Liste.

am ▪ an ▪ bin ▪ darin ▪ darum ▪ hat ▪ im ▪ in ▪ man (nicht: der Mann) ▪ mit ▪ ob ▪ oft ▪ um ▪ vom ▪ von ▪ warum ▪ weg (nicht: der Weg) ▪ zu ▪ zum

Tipp Auch bei Wörtern mit Endungen auf **-nis** und **-in** richtet sich die Einzahl nicht nach der Verdopplungsregel. Erst die Pluralform wird „richtig" gebildet.
Wagnis – Wagnisse, Zeugnis – Zeugnisse; Richterin – Richterinnen, Freundin – Freundinnen, Lehrerin – Lehrerinnen

3 Spiele mit Konsonanten. Wenn du bei den folgenden Wörtern den zweiten Konsonanten der Doppelkonsonanten jeweils durch einen anderen ersetzt, kommt ein anderes Wort heraus.

Ballen	→ Bal____en	Ballon	→ Bal____on
Einfall	→ Einfal____	Halle	→ Hal____e(stelle)
Amme	→ im Am____e	verschlammt	→ verschlam____t
Kanne	→ Kan____e	Falle	→ Fal____e
Tasse	→ Tas____e	Rinne	→ Rin____e
starr	→ star____	schnippen	→ schnip____en

4 Bilde mit den folgenden Wortbestandteilen möglichst viele **ck**-Wörter.

an- ▪ ab- ▪ -d- ▪ -e- ▪ -en ▪ um ▪ -dr- ▪ -u- ▪ -ck- ▪ -end ▪ ein- ▪ -st- ▪ -o- ▪ ver-
Beispiel: an-st-e-ck-en Schreibe weitere Beispiele in ein Heft.

Tipp | Ein alter Merkspruch lautet:
Nach **l, m, n** und **r**, das merke ja, steht nie **tz** und nie **ck**.

5 Fülle die Lücken mit **z** oder **tz** aus.

die He____e, die Gla____e, bren____lig, die Bundeskan____lerin, die Noti____, Rheinland-Pfal____, der Si____pla____, die Wur____el, kur____, der Anrei____, die Ker____e, das Schma____en, die Gren____e, je____t, die Kreu__ __ugszeit, der Schwä____er, das Basketballne____, gei____ig, die Schneeschmel____e, der Rettungs-kreu____er, die Hi____e

6 Hier sind Wörter aufgeführt, die man mit einem einfachen Konsonanten schreibt. Dabei werden oft Fehler gemacht. Präge sie dir daher gut ein und schreibe damit Sätze in dein Übungsheft.

also ▪ bekam ▪ bin ▪ daran ▪ Freundin ▪ greift ▪ halt ▪ hat ▪ holen ▪ holt ▪ käme ▪ komisch ▪ Lehrerin ▪ mit ▪ Mitleid ▪ oft ▪ öfters ▪ Schrift ▪ traf ▪ traten ▪ treten ▪ voran ▪ voraus ▪ vorige ▪ vorüber

7 Und nochmals eine Wörterliste: Diesmal sind es Wörter mit Doppelkonsonanten, die oft falsch geschrieben werden. Markiere in der Liste Wörter, die du gut kannst. Wörter, die du noch nicht kannst, schreibst du in dein Übungsheft und bildest dazu eine Wortfamilie. Unsicherheiten solltest du dabei sofort in einem Lexikon nachschlagen.

gebrannt: brennen, Brand, Brandmeister, Brenner

alle ▪ allein ▪ anstatt ▪ Antenne ▪ Bälle ▪ beginnen ▪ bellt ▪ Bett ▪ billig ▪ bitter ▪ Brille ▪ brummt ▪ dann ▪ denn ▪ dumm ▪ fallen ▪ Fahrrad ▪ Freundinnen ▪ gegriffen ▪ geirrt ▪ gekommen ▪ geschafft ▪ geschnitten ▪ gewollt ▪ hell ▪ Himmel ▪ hoffentlich ▪ immer ▪ innen ▪ kaputt ▪ Kartoffeln ▪ kennen ▪ klettert ▪ kommen ▪ Löffel ▪ mittags ▪ Mittwoch ▪ Mutter ▪ nimmt ▪ offen ▪ Puppe ▪ ritt ▪ sammeln ▪ satt ▪ Schiff ▪ sollst ▪ spannend ▪ still ▪ Stoff ▪ Teller ▪ Treppe ▪ trifft ▪ verreisen ▪ verrückt ▪ vielleicht ▪ voll ▪ wann ▪ wenn ▪ Wetter ▪ willst ▪ Zettel ▪ Zimmer ▪ zusammen

Tipp Trainiere Wörter, bei denen du Fehler machst oder immer noch unsicher bist, unbedingt mit einer Rechtschreibkartei (vgl. S. 10).

Fehler-Check

Hast du alles zu den kurzen betonten Vokalen verstanden? Wir wollen es überprüfen. Fülle die Lücken aus.

Wenn meine Mu____er (t/tt) mir zum Geburtstag eine Pu____e (p/pp) kauft, hü____e (pf/ppf) ich vor Freude! Immer wieder we____e (rd/rrd) ich von ihr überrascht. Das letzte Mal war im He____t (rbs/rrbs). Da bekam ich einfach so, es gab nichts zu feiern, eine Ka____e (z/tz). Zwar war sie etwas kra____ (nk/nnk), doch wir gingen gleich zum Tierdo____tor (k/ck) und der machte sie wieder gesu____ (nd/nnd). Bald konnte sie wieder Wa____er (s/ss) trinken und in der So____e (n/nn) liegen. Wir verdo____elten (p/pp) ihre Streicheleinheiten und sa____elten (m/mm) sogar Mäuse für sie. Die ließ sie sich durch die K____le (e/eh) rutschen und grun____te (z/tz) dann immer zufrieden, fast wie ein kleines Fe____elchen (rrk/rk/rck). „Oft ka____ (n/hn/nn) ich aber keine Mäu____e (s/ss) fangen. So____st (n/nn) werde ich noch selbst ein Kä____chen (z/tz)!“, meinte meine Mu____i (t/tt). A____ (m/mm) meisten aber gefieh____ (l/ll) unserem Schnu____i (r/rr), wenn wir ihre Freundi____en (n/nn) zu ihr brachten: Zwei Hä____chen (äs/s/ss) in einer Pa____schachtel (p/pp). Aber auch mein Pü____chen (üp/pp/üpp/pp) wi____d (r/rr) sie wohl mögen. Da____um (r/rr) freue ich mich auch schon da____auf (r/rr)!

☐ Fehler	**0 – 2 Fehler** Super!	**3 – 5 Fehler** In Ordnung!	**mehr als 5 Fehler** Bitte noch einmal üben!

Schreibung des S-Lautes

Wie ist's richtig: s, ss oder ß?

Die meißten Menschen hoffen darauf, dass sie eines Tages die I
Wüßte zu Gesicht bekommen. Isst es nicht toll, wenn einem der II
Sand durch die Finger rinnt? Nirgendss auf der Welt gibt's auch I
so grosse Temperaturunterschiede wie dort. In der rießigen II
winddurchbraußten Einöde soll es nach Ansicht der Wißen- II
schaftler bereits seit Jahrtaussenden so trocken sein. I

Regel

Den **S-Laut** kann man im Deutschen ganz unterschiedlich schreiben: **s, ss** oder **ß**. Wenn du dir die folgenden Regeln einprägst, fallen dir viele Schreibungen schon viel leichter:

Ein stimmhaft („summend") gesprochenes **s** wird mit einem einfachen **s** geschrieben. Wir finden es am Wortanfang vor Vokalen (Selbstlauten), aber auch in der Wortmitte.
Beispiele: *Sabine, Sonne, riesig, Hase,*

Beim stimmlosen **s**, das hart (d. h. ohne Schwingen der Stimmbänder) gesprochen wird, muss man aufpassen:

a) Am Wortende wird immer stimmlos gesprochen. Wir schreiben meist ein einfaches **s**. Stimmlos ist das **s** auch am Wortanfang, wenn danach ein Konsonant (Mitlaut) folgt:
Beispiele: *Gras, las, Maus, Sklave*
b) Steht vor dem stimmlosen **S-Laut** ein kurzer Vokal, schreibt man **ss**.
Beispiele: *Hass, Fluss, Rasse, Klasse, lässt*
c) Nach lang gesprochenem Vokal oder nach einem Diphthong (Zwielaut, z. B. **au**) wird **ß** geschrieben, wenn im **Wortstamm** kein weiterer Vokal folgt.
Beispiele: *grüßen, Maß, Spieß, draußen, beißen, Fleiß*

Übungen

1 Setze nach den Wortanfängen jeweils die Endungen **-se, -sel, -so, -ser** oder **-sen** ein, sodass sich sinnvolle Wörter ergeben

Ei____, Brem____, Mei____, Drü____, Fel____, al____, Ho____,

Ro____, Pin____, Gän____, Rei____, Ra____, Am____, lö____,

Spei____, Be____, Mör____, Fer____, We____, Kä____, Ha____,

die____, Rie____, Va____

Tipp Nach **l, m, n** und **r** und auch zwischen Vokalen steht stimmhaftes **s** und wird deshalb mit einfachem **s** geschrieben. Das gilt natürlich ebenso in Süddeutschland, wo man das „summende" **s** oft fast stimmlos spricht.

2 Steht das **s** im Auslaut, wird es stimmlos gesprochen. Wenn wir es bei einer Verlängerung stimmhaft sprechen (z. B. Kreis – Kreise, Paradies – Paradiese), schreiben wir es mit **s**. Sprechen wir auch die Verlängerung mit stimmlosem **s**, schreiben wir **ss** oder **ß**. Setze die richtigen Schreibungen ein.

Krei*s*____, weil man die Verlängerung *Krei-se*____ *stimmhaft*____ spricht.

Schlo____, weil man die Verlängerung ____________ ____________ spricht.

Genu____, weil man die Verlängerung ____________ ____________ spricht.

Schlu____, weil man die Verlängerung ____________ ____________ spricht.

Lo____, weil man die Verlängerung ____________ ____________ spricht.

Grei____, weil man die Verlängerung ____________ ____________ spricht.

Verlie____, weil man die Verlängerung ____________ ____________ spricht.

Mau____, weil man die Verlängerung ____________ ____________ spricht.

3 Schreibe die fehlenden Verbformen in die Lücken.

Infinitiv	**Präsens**	**Präteritum***	**Perfekt**
bremsen	ich bremse	ich bremste	ich habe gebremst
reisen	er	er	er
rasen	wir	wir	wir
grasen	es	es	es
lesen	ihr	ihr	ihr
	ich preise	er	sie
			er hat geblasen

***auch als Imperfekt bezeichnet**

4 Unterscheide bei einem stimmlosen **s** im Inlaut, ob es nach einem kurz oder lang gesprochenen Vokal bzw. Diphthong steht. Nach kurzem Vokal schreibst du **ss**, nach langem oder Diphthong **ß**:

beschlo_____en, be_____er, Lerchenstra_____e, Kinose_____el,

Geno_____en, bi_____chen, So_____e, Ki_____en, Wa_____er,

Schlü_____el, Nä_____e, Pä_____e, Fe_____el, gefrä_____ig, flie_____en,

flei_____ig, zuverlä_____ig, ha_____en, Nü_____e, Ma_____e, Rü_____el,

Grö_____e, Schü_____e, a_____en, vergi_____t, gefa_____t, au_____en,

He_____en, äu_____ern

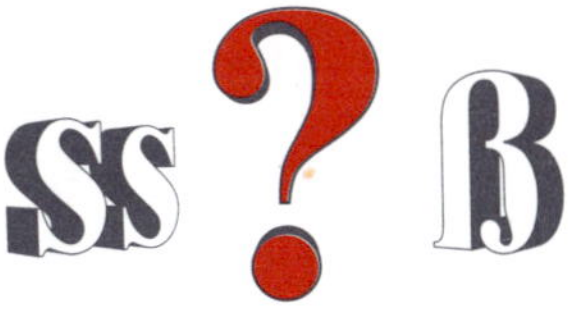

5 In manchen Wortstämmen wechselt bei Flexion oder Ableitung die Länge bzw. Kürze des Vokals vor dem **s**. Entsprechend wechselt die Schreibung:

e___en, a___en, gege___en, das E___en, E___löffel, i___t

flie___en, das Flo___, geflo___en, Flu___, Flie___band, flie___end,

genie___en, Genu___mensch, geno___, die Geno___en

wi___en, gewu___t, er wei___, er wu___te, Gewi___en

6 Folgt auf das **s, ss, ß** oder einen ähnlich klingenden Laut eines Verbstammes die Endung **-st** der zweiten Person Singular, so lässt man das **s** der Endung weg:

machen	ich mache	du mach *-st*
reisen	ich reise	du rei *s-t*
hassen	ich hasse	du ha____
mixen	ich mixe	du mi____
sitzen	ich sitze	du si____

7 Steht der Buchstabe **ß** wegen durchgehender Großschreibung nicht zur Verfügung, schreibt man **SS**:

STRA____E, GRÜ____E, grü____en, FLIE____GESCHWINDIGKEIT,

fra____, Grü____e, MA____BAND, am grö____ten, schlie____lich,

Stra____enbahn

Tipp In der Schweiz schreibt man immer **ss**. Solltest du einmal eine ausländische Computertastatur verwenden, die kein **ß** hat, kannst du auch **ss** verwenden. Wenn du aber, obwohl du über **ß** verfügst, **ss** schreibst, ist das in Deutschland und Österreich ein Rechtschreibfehler!

8 Für die Lautverbindung **[ks]** schreibt man statt des üblichen **x** in einigen Wortstämmen **chs** bzw. **ks**; wird ein Wort abgeleitet, verwendet man die dem Grundwort zugehörige Lautverbindung (z. B. „du hegst" von „hegen"):

du hin_____ (von „hinken"), A_____t, Fü_____e, Strei_____ (von „Streik"), E_____e, Lu_____, Hä_____el (von „hacken"), Ke_____, Da_____, Wei_____el, We_____el, O_____e, se_____ (Zahlwort)

Tipp Präge dir besonders die folgenden Wörter gut ein – sie werden am häufigsten falsch geschrieben: *aufpassen, Schlösser, meistens, bisschen, nass, draußen, interessant, gegossen, Grüße, raus, süß, Fluss, Missstand, Geheimnis, Finsternis, am größten, Spaß, draußen, niemals*

9 Du bekommst hier wieder eine Liste mit häufig falsch geschriebenen Wörtern. Markiere Wörter, die du gut kannst. Wörter, die du noch nicht kannst, schreibst du in dein Übungsheft und bildest dazu eine Wortfamilie. Unsicherheiten solltest du auch hier sofort in einem Lexikon nachschlagen.

biss: beißen, Hundebiss, Gebiss, Bissverletzung, beißt

anders ▪ aß ▪ aufpassen ▪ außerdem ▪ besonders ▪ bis ▪ biss ▪ bloß ▪ daraus ▪ Essen ▪ fassen ▪ fasst ▪ Fluss ▪ fressen ▪ Fuß ▪ gegessen ▪ gegossen ▪ Geheimnis ▪ gewusst ▪ gießen ▪ goss ▪ interessant ▪ isst ▪ lässt ▪ meistens ▪ musste ▪ nass ▪ passiert ▪ reißen ▪ saß ▪ Spaß ▪ Straße ▪ stieß ▪ vergaß ▪ Zeugnis

Fehler-Check

Jetzt heißt es noch einmal üben. Setze in die Lücken dieses Unsinntextes jeweils die passende Schreibung ein: s – ss – ß.

Eine__ Tage__ __a__en zwei junge Menschen am Rande eine__ Walde__ und a__en ihre mitgebrachten Brote. „Warum geh__t du denn immer im Krei__?“, fragte der eine Junge den anderen. „Wa__ __oll ich dir __agen? Ich hatte da gestern so ein seltsames Erlebni__. Mir kamen auf der Stra__e zwei Ha__en entgegen, __o schnell, dass ich __ie zunächst gar nicht als __olche erkennen konnte. Ich war mit dem Auto unterweg__. Die Tiere sa__en jeder auf einem Fahrrad. Ich habe noch gebrem__t, aber ich konnte e__ nicht mehr verhindern. Die Ha__en und auch ich wurden gemix__t.“ Das klang zwar schlimm, aber der andere Junge, der immer __ehr gefrä__ig war, a__ einfach weiter. „Hör__t du mir eigentlich gar nicht zu?“ „Doch, aber – ich glaube dir kein Wort!“ Na, da hatte der Erzähler wohl zu dick aufgetragen. Eigentlich wollte er noch vom Flo__ aus Baumstämmen und vom Geheimni__ des Flu__e__ erzählen. Aber der andere Junge war da schon läng__t über alle Berge.

☐ Fehler	**0 – 3 Fehler** Super!	**4 – 6 Fehler** In Ordnung!	**mehr als 6 Fehler** Bitte noch einmal üben!

Unterscheidung das/dass

Dass Glück, dass das Mädchen Sophie in Ritter Karl gefunden II
hat, wird nicht immer bleiben. Ihr Vater freut sich zwar, daß sie I
glücklich ist und das sie ihn liebt. Doch er weiß auch, das dass III
Glück nur ein Gefühl des Augenblicks ist. Dass Glück, dass II
Sophie sich zusammen mit Karl erhofft, ist spätestens dann
vorbei, wenn sie erfährt, das er bereits verheiratet ist. I

Regeln

1. Wenn man das Wort **das** hinter einem Komma durch **dies(es)** oder **welches** ersetzen kann, handelt es sich meist um das Relativpronomen **das** und wird mit einfachem **s** geschrieben. Geht dieses Ersetzen nicht, handelt es sich um die unterordnende Konjunktion **dass**, die mit **ss** geschrieben wird. In beiden Fällen wird ein Nebensatz eingeleitet.
   Beispiele: *Das Haus, das (= welches) da steht, ist großartig.*
   Ich hoffe, dass du kommst.

2. Der Artikel **das**, der vor einem Nomen steht, wird immer mit einfachem **s** geschrieben. Man erkennt ihn daran, dass man ihn durch **ein** ersetzen kann. Das gilt auch in Aufzählungen mit und ohne Komma.
   Beispiele: *Das (= ein) Haus, das (= ein) Dach und das (= ein) Blumenbeet werden von mir gepflegt.*

3. Das Wörtchen **das** kann auch ein Demonstrativpronomen sein. Das musst du aber nicht unbedingt erkennen, denn es wird dann (fast) genauso wie der Artikel verwendet und immer so geschrieben.
   Beispiele: *Dieses Fenster meine ich nicht, ich meine das Fenster da.*
   Das (im Sinne von dieses) Heft meine ich, nicht das blaue!

Übungen

1 Übe die Unterscheidung **dass/das**. Führe die Ersatzprobe durch und setze in die Lücken – wenn möglich – **dies(es)** oder **welches** ein und anschließend das richtige Wörtchen **das(s)**.

Eines Tages kam Marius an ein Haus, *welches / das* unbewohnt zu sein schien. Vorsichtig, aber neugierig zugleich näherte er sich und hoffte, ___________/______ wirklich niemand darin war. Da hörte er plötzlich ein Mädchen, ___________/______ leise weinte. Aber war es wirklich ein Mädchen, ___________/______ er da zu hören glaubte? Ihm war bekannt, ___________/______ es in dieser Gegend nicht mit rechten Dingen zuging. Er betrat das Haus in der Hoffnung, ___________/______ er sich entweder getäuscht und gar nichts gehört hatte oder ___________/______ das Weinen einen harmlosen Grund hatte. Und wirklich: Es war kein Gespenst, ___________/______ da hinter der Türe saß. Es war seine Schwester Nina. Sie hatte heimlich ihren Bruder belauscht und gehört, ___________/______ er zu seinem Freund Tim gesagt hatte, ___________/______ er zu dem Haus gehen wolle. Und nun hatte sie dort auf ihn gewartet, aber das Türschloss, ___________/______ schon recht verrostet war, ließ sich von innen nicht mehr öffnen. Sie saß schon eine Stunde da und gab schon fast die Hoffnung auf, ___________/______ ihr Bruder noch kommt.

2 Setze die nachfolgend aufgeführten Teilsätze mit **das** oder **dass** statt **das/dass?** richtig in die Lücken ein, sodass sich ein sinnvoller Text ergibt.

das/dass? ist eben so

das/dass? Franz erzählt

das/dass? wir an ihm vorbeigehen

das/dass? sie wenigstens etwas Interessantes finden würden

das/dass? sich hinter der Türe gar nichts Unheimliches befand

das/dass? ich hierher komme

Als Marius bei ihr war, sah er, ______________________________

______________. ____________________, denn Gespenster gibt es

nicht. Er hoffte, ______________________________________.

„Du wusstest doch, ______________________. Hast du __________

________________________, als wir ihn gestern getroffen haben?“

„Wie kommst du denn darauf?“ „Na, weil er da hinten steht und nur

wartet, ____.

Der will uns bloß erschrecken!“

3 Wenn ein **das** unmittelbar vor einem Nomen steht (außer in Aufzählungen und an Satzanfängen nicht direkt nach einem Komma) und mit diesem zusammengehört, handelt es sich um einen Artikel und du schreibst einfaches **s**. Gelegentlich kann es auch ein Demonstrativpronomen sein, aber das ändert ja nichts an der Schreibung.

Da___ Kind mit dem Luftballon heißt Franz. „Ich sehe ein Kind neben dem Karussell!", meint Theodor. „Ist es da___ Kind, welches du meinst?" „Ja natürlich, da___ ist da___ Kind! Siehst du auch da___ Heft, was es in der Hand hält? Da___ ist da___ Heft, in da___ es alles aufschreibt, was es sieht. Da___ Ziel des Kindes ist es, einmal Schriftsteller zu werden." „Da___ ist ja toll, da___ glaubt ja keiner!"

Tipp

Ein mit **dass** eingeleiteter Nebensatz ist ein **Gliedsatz**. Er ersetzt ein Satzglied (z. B. das Objekt des Hauptsatzes) und hat immer ein eigenes Subjekt (z. B. „Ich hoffe, dass **du** (Wer oder was kommt? → du = Subjekt) kommst."). Steht am Anfang des Nebensatzes aber ein **das**, so handelt es sich um einen **Attributsatz** (ersetzt ein Attribut im Hauptsatz). Sein Subjekt ist das einleitende Relativpronomen **das** (z. B. „Das Haus, **das** (Wer oder was steht da? → das = Subjekt) da steht, ist grün.").
Den **Artikel das** schreibt man immer mit einfachem **s**. Man erkennt ihn daran, dass man ihn durch **ein** ersetzen kann.
Beispiel: Das Haus → **Ein** Haus

4 Verbinde jeweils die beiden Sätze, nutze Relativpronomen und schreibe die Sätze in dein Übungsheft.

Das Auto ist neu. Das Auto gehört mir.

Das Auto, das mir gehört, ist neu.

Das Fußballspiel war spannend. Wir haben es im Stadion gesehen.

Der Film war spannend. Ich habe ihn gestern gesehen.

Das Essen war wunderbar. Meine Oma hat es gekocht.

Das Motorrad ist ein Oldtimer. Es steht in meiner Garage.

Die Männer sind Bauarbeiter. Sie stehen dort.

Der Sommer ist sehr warm. Wir haben ihn dieses Jahr.

5 Finde im Text die Fehler bei **das/dass** und korrigiere sie (mit kurzer Begründung) am Rand.

Klein-Erna war ein Mädchen, dass immer ______
gerne mit seiner Oma spielte. Dass dass so ______
war, lag daran, das Klein-Erna fast von Geburt ______
an bei ihrer Oma aufwuchs. Ihr Haus, dass ______
war das ältere von beiden, stand mit dem ______
ihrer Eltern, das war das jüngere, auf einem ______
kleinen Gartengrundstück. Immer wenn ______
Klein-Ernas Mutter zur Arbeit ging, brachte ______
sie sie zur Oma, aber nie, ohne sie daran zu ______
erinnern, dass sie sich benehmen solle und ______
das sie mittags ein Schläfchen halten müsse. ______
„Das machen wir schon!“, meinte dann Oma ______
immer zu ihrer Tochter. „Wirklich?“, fragte ______
dann Klein-Erna immer. „Klar, dass will doch ______
deine Mutter. Und dass ist auch richtig so. ______
Aber nur, wenn du so müde bist, das du auch ______
schlafen kannst. ______

Fehler-Check

Den Text solltest du dir von jemandem diktieren lassen. Wenn du niemanden hast, der dir hilft, schreibe ihn als „Laufdiktat“, am besten „mit viel Weg dazwischen“, sodass es etwas schwerer wird.

Ist es nicht schön, dass morgen das Wochenende beginnt und dass das Wetter so toll bleiben soll, wie es heute Nachmittag war? Das Herrliche daran ist, dass das ganze Wochenende über der Sonnenschein anhalten soll. Deshalb solltest du schnell das Geld, das du von Onkel Karl bekommen hast, holen und hoffen, dass es nicht schon dein Bruder, das kleine Schlitzohr, an sich genommen hat. Gönne dir doch das Eis, das du immer so gern hast, auf dass es dir genauso gut schmeckt, als ob es dir Onkel Theodor selbst gekauft hätte. Hoffen wir, dass alles klappt und dass es ein schönes Wochenende wird, das nächste Wochenende. Und dass es so wird, dafür bist auch du verantwortlich. Nimm doch deinen Bruder mit zum Eisessen, dass er sich auch freut. Ein Kind, das anderen eine Freude macht, das darf sich darüber freuen, dass es von den anderen gemocht wird. Das ist ja das Schöne daran: Das geteilte Glück ist das doppelte Glück. Das kannst du mir glauben! Das ist immer schon so gewesen! Bitte die Eltern, dass dein Bruder mit dir mitkommen darf. Versprich das!

Es zählen alle Fehler, die du gemacht hast, nicht nur die bei ***das*** *und* ***dass****!*

☐ Fehler	0 – 3 Fehler	4 – 7 Fehler	mehr als 7 Fehler
	Super!	In Ordnung!	Bitte noch einmal üben!

4 Groß- und Kleinschreibung

Nomen und Denominalisierungen

Viele Kinder haben kein Interesse am malen und zeichnen. Das II
ist oft ein bitten und Betteln, bis sie in das geheimnis des Malens II
eingeführt sind. Dabei macht es ihnen Anfangs meist viel spaß. II
Wenn die lehrerin ein Bisschen drängt, sind es die Kinder oft II
Leid, von Morgens bis zum abend Entschuldigungen zu finden. III

Regeln

Nomen und Wörter, die ursprünglich einer anderen Wortart angehörten und nun wie ein Nomen gebraucht werden (Nominalisierung), werden großgeschrieben. Umgekehrt werden aus Nomen entstandene andere Wortarten kleingeschrieben (Denominalisierung).

1. Vor Nomen stehen oft Begleiter, beispielsweise ein **Artikel**, ein mit einer **Präposition verschmolzener Artikel**, ein **Adjektiv**, ein **wie ein Adjektiv gebrauchtes Partizip** oder ein **Pronomen**. Diese Begleiter sind Nomensignale.
   Beispiele: ***ein/das*** *Essen,* ***am*** *(= an dem) Bahnhof,* ***lautes*** *Lachen,* ***gehacktes*** *Fleisch,* ***sein*** *Haus*

2. Viele Nominalisierungen entstehen durch das Anhängen von Nachsilben (Suffixe). Einige kommen bei Nomen besonders häufig vor, z. B. **-keit, -heit, -ung, -schaft, tum, -sal, -nis** und bei Fremdwörtern **-ion** oder **-ium**.
   Beispiele: *Heiter**keit**, Krank**heit**, Heil**ung**, Freund**schaft**, Eigen**tum**, Drang**sal**, Ärger**nis**, Dekorat**ion**, Evangel**ium***

3. Aus Nomen entstandene Adverbien (Umstandswörter), Präpositionen und unbestimmte Pronomen und Zahlwörter werden kleingeschrieben.
   Beispiele: *anfangs, laut Anweisung, ein bisschen, ein paar*

Übungen

1 Setze die passenden Groß- und Kleinbuchstaben in die Lücken ein! Jeder Buchstabe bzw. jede Buchstabenkombination darf nur ein Mal verwendet werden.

b ▪ B ▪ d ▪ d ▪ D ▪ F ▪ g ▪ h ▪ h ▪ H ▪ K ▪ K ▪ L ▪ m ▪ M ▪ M ▪ P ▪ R ▪ S ▪ sch ▪ Sch ▪ St ▪ W

ein ___issiger Hund, ___eine ___utter, nach ___ause, das ___nelle ___otorrad, der ___ergsteiger, die ___eilige ___irche, ___eine ___arty, die ___rei ___utzend, dieser ___ußballer, ein ___ibero, im ___ommer, die ___interen ___eihen im ___lassenzimmer, ___elber ___tift, viele ___assertropfen an der ___eibe

2 Außer den Satzanfängen ist hier alles kleingeschrieben. Schreibe die Sätze in richtiger Groß-/Kleinschreibung in dein Heft.

Das gute an unseren abgeordneten ist, dass sie im bundestag über all die gesetze, die unser leben regeln, ganz genau beraten. Die gesetze, die in kraft getreten sind, wurden vorher vom bundespräsidenten unterschrieben. Allerdings hat er kein recht zu entscheiden, ob sie gutes oder schlechtes, altes oder neues enthalten. Es ist auch unerheblich, ob er glaubt, dass das dort geschriebene viel unverständliches enthält. Er muss nur überlegen, ob das ihm bekannte, also das im gesetz geschriebene, zu unserer verfassung passt. Die rat suchenden bürger können sich aber, wenn ihnen die gesetze als ein unverständliches etwas vorkommen, nicht an ihn wenden. Ihnen erklärt das dort stehende dann ein rechtsanwalt.

Tipp

Nominalisierte Adjektive und Partizipien erkennt man oft daran, dass sie in Verbindung mit folgenden Wörtern kombiniert werden: **allerlei, alles, etwas, genug, nichts, viel, wenig**
Beispiele: *allerlei Gutes, alles Geschriebene, etwas Gesagtes, genug Gerede, nichts Neues, viel Gelerntes, wenig Konkretes*

3 Mit den Wortstämmen der nachfolgend aufgeführten Adjektive und Verben kannst du mithilfe der Suffixe **-heit, -keit, -nis, -schaft, -tum, -sal** und **-ung** Nominalisierungen bilden. Schreibe sie mit einem bestimmten oder unbestimmten Artikel zusammen dahinter auf.

frei	*die Freiheit*	brauchen	
heilig	*das*	drängen	
meistern		sauber	
tapfer		reizen	
rinnen		verwandt	
böse		finster	
schicken		ehrlich	
gemein		mühen	
hindern		heizen	
halten		irren	
schwanger		leiden	
klar		erlauben	
sparsam		gefangen	
meinen		reich	

4 Überlege dir bei den Lücken genau, ob es sich jeweils um ein Nomen oder um eine andere Wortart handelt. Sollte kein Nomensignal vor dem Wort stehen, prüfe, ob du eines einsetzen kannst.
Pass aber auf: Unbestimmte Pronomen und Zahlwörter sowie Präpositionen, die aus Nomen entstanden sind, werden kleingeschrieben.

Wenn wir (a/A) ___nfangs immer ein (b/B) ___isschen aufgeregt sind, kann man das (d/D) ___ank einer kleinen (k/K) ___onzentrationsübung schnell überwinden. Denn (t/T) ___rotz unserer (a/A) ___ufregung will unser (k/K) ___örper insbesondere (m/M) ___orgens und am (v/V) ___ormittag (l/L) ___eistung erbringen. Und (s/S) ___eitens der (l/L) ___ehrer gibt es oft auch (h/H) ___ilfe. Sie sind uns nicht (g/G) ___ram, wenn wir ein (w/W) ___enig unsicher sind. Ein (p/P) ___aar (= wenige) von ihnen waren als (s/S) ___chüler bestimmt auch nicht immer entspannt, wenn sie (s/S) ___chulaufgaben schreiben mussten.

Tipp

Bestimmte Wörter versteht man meist als Adjektiv, wenn sie mit den Verben *sein, bleiben* und *werden* verbunden sind.
Beispiele: *Ich bin es* ***leid****. Sie ist am Unfall* ***schuld****. Der Staat ist* ***pleite****. Mir wird* ***angst*** *und bange. Aber: Das ist ihre* ***Schuld****.*
Werden diese Wörter mit anderen Verben gebraucht, sieht man sie als Nomen an.
Beispiele: *Er macht mir* ***Angst****. Das tut mit* ***Leid****.*

Bei *recht/Recht* und *unrecht/Unrecht* gilt, dass du in Verbindung mit den Verben *geben, haben, tun, behalten* und *bekommen* selbst entscheiden kannst, ob du groß- oder kleinschreibst:
Beispiele: *Er behält vor Gericht* ***recht/Recht****. Ich gebe dir* ***recht/Recht****. Ihr habt* ***unrecht/Unrecht****. Ich bekomme* ***recht/Recht****.*

Tipp Tageszeiten und Wochentagsnamen sind Nomen und werden großgeschrieben. An der Endung **-s** erkennst du oft, wenn man sie als Adverb gebraucht und kleinschreiben muss.
Beispiele: *am Mittwoch, drei Sonntage, heute Morgen, morgen Vormittag, gestern Abend, montags, abends, morgens*

5 Entscheide über die Schreibweise der Wörter in Großbuchstaben. Setze dazu in die Lücken danach ein **G** für Großschreibung, ein **K** für Kleinschreibung und schreibe den Text dann nochmals korrekt in dein Übungsheft ab.

In den Sommerferien ist mir etwas DUMMES (_) passiert. Eigentlich wollte ich nur meinem Freund alles GUTE (_) zum Geburtstag wünschen. Um ihn zu überraschen, ging ich NACHTS (_) kurz nach BEGINN (_) des neuen Tages um MITTERNACHT (_) los. Ich wollte der erste sein, der gratuliert. Vor seinem Haus hörte ich ein KNACKEN (_) in einem Gebüsch. Ich sah auch etwas HELL (_) schimmern. Was war das nur? Mir rutschte das Herz fast in die Hose. Ich ging näher hin. Und da sollte auch schon etwas GESTREIFTES (_) AUFTAUCHEN (_). Ich schrie laut auf! Oben riss jemand ein Fenster auf. „Was schreist du jetzt in der NACHT (_) hier?“, rief mein Freund SCHLÄFRIG (_) herunter. „Ich wollte dir nur gratulieren, als mir UNHEIMLICHES (_) begegnete…“ Doch da erkannte ich Hugo, seine Katze, im Lichtschein des Fensters. Sie war das GESTREIFTE (_) „Monster“. Das war ja lustig! Aber mein Freund empfand das nicht so. Seine sonst übliche HEITERKEIT (_) war nicht vorhanden. „Komm in der FRÜH (_) wieder!“, schrie er herunter und knallte das Fenster zu. Pech, keine gelungene ÜBERRASCHUNG (_)!

Fehler-Check

Kannst du schon alles? Setze Groß- oder Kleinbuchstaben ein.

Viele (v/V) ___erbrecher sitzen oft lange (z/Z) ___eit im (g/G) ___efängnis. In früheren (z/Z) ___eiten gingen sie danach manchmal in die (f/F) ___ranzösische (f/F) ___remdenlegion. Obwohl es ihnen dort (a/A) ___nfangs bestimmt nicht (l/L) ___eichtfiel, allerlei (n/N) ___eues zu erlernen und wenig (a/A) ___ltbekanntes vorzufinden, gelang diesen (m/M) ___ännlichen (e/E) ___hemaligen (ü/Ü) ___beltätern (o/O) ___ftmals ein (n/N)____eustart. Ob ihnen die (o/O)____ffiziere (a/A)____ngst machten, weiß (n/N) ___iemand so genau. Auf alle (f/F) ___älle fiel es ihnen oft (s/S) ___chwer, sich anzupassen. Sie waren es (l/L) ___eid, jeden (t/T) ___ag auf ihre (t/T) ___aten angesprochen zu werden. Viele hofften auf ein (v/V) ___ergessen ihrer (t/T) ___aten, (e/E) ___hrlichkeit sollte die (f/F) ___instere (v/V) ___ergangenheit ablösen. Und für manchen gab es danach kein (h/H) ___indernis für ein neues (l/L) ___eben.

☐ Fehler	0 – 2 Fehler Super!	3 – 5 Fehler In Ordnung!	mehr als 5 Fehler Bitte noch einmal üben!

Eigennamen, feste Verbindungen und so manches andere

Das Große Los haben alle gezogen, die in amerika Urlaub II
machen. Das dachten sich auch peter und Isolde, die an die I
Küste des pazifischen Ozeans geflogen sind, und schrieben I
Hans eine Karte: „Du verpasst etwas, weil Du nicht hier bist!" II

Regeln

Zunächst gilt ja, dass die meisten Wörter kleingeschrieben werden. Ausnahmen sind im Bereich der Wortarten nur die Nomen. Großschreibung gilt jedoch auch am Satzanfang und bei Überschriften, Buchtiteln etc. am Zeilenanfang. Bitte beachte auch folgende Besonderheiten:

1. Eigennamen, bei mehrteiligen Namen alle zu ihnen gehörenden Adjektive und Zahlwörter (außer den verbindenden Artikeln, Präpositionen und Konjunktionen), Straßennamen und geografische Namen werden großgeschrieben.
   Beispiele: *Franz, Italien, Augsburg; Karl der Große, die Innere Klinik des Städtischen Krankenhauses Hamburg, die Weiße Lilie (als botanische Bezeichnung für Lilium candidum), aber: eine weiße Lilie; Lange Gasse, Münchner Straße, das Rote Meer, der Atlantische Ozean*

2. In bestimmten Verbindungen, die zwar eine feste Bedeutung haben, aber kein Eigenname sind, wird das Adjektiv kleingeschrieben.
   Beispiele: *das **neue** Jahr, eine **schöne** Bescherung, **schwarzes** Schaf*

3. Die Höflichkeitsanrede **Sie** (dritte Person) und alle damit zusammenhängenden Pronomina werden großgeschrieben, alle Anreden in der zweiten Person und damit zusammenhängende Pronomina werden kleingeschrieben.
   Beispiele: *Ich grüße **Sie** und **Ihre** Frau. Ich mag **dich**, **du** Schatz!*

Tipp Alle Orts- und Ländernamen, die auf **-er** abgeleitet sind, werden großgeschrieben, alle Ableitungen auf **-isch** werden kleingeschrieben (außer es handelt sich um Eigennamen).
Beispiele: *Ein* ***Wiener Schnitzel, indischer Subkontinent,*** aber: ***der Indische Ozean***

Übungen

1 Hilf einem etwas unsicheren Wirt, seine Speisekarte zu schreiben, indem du die richtigen Groß- oder Kleinbuchstaben einsetzt.

Speisekarte des (g/G) ___oldenen Ochsen

Kleiner Salat nach (i/I) ___talienischer Art

Gemischter Salat mit (w/W) ___estfälischem Schinken

Grüner Salat mit (n/N) ___ordsee-Krabben

Schweinebraten mit (t/T) ___iroler Knödeln

Frisches (u/U) ___ngarisches Gulasch mit Kartoffeln

Omas (k/K) ___önigsberger Klopse

Fleischtopf mit (p/P) ___ersischen Gewürzen

Eis mit (l/L) ___übecker Marzipan

Hausgemachte (l/L) ___inzer Torte

Kleine (s/S) ___chweizer Käseplatte

Wir empfehlen (b/B) ___adische Weine, spezielle Säfte aus der (f/F) ___ränkischen Schweiz, (f/F) ___ranzösisches Mineralwasser und bestes (m/M) ___ünchner Bier aus Bayern.

2 Markiere im folgenden Brief alle Pronomen. Streiche falsch geschriebene rot durch. Schreibe die richtige Form darüber. Unterstreiche richtig geschriebene Pronomen. Pass auf, ob wirklich immer der Empfänger angesprochen wird.

Sehr geehrter Herr Reiter,

ich freue mich sehr, dass sie mich morgen zu sich einladen. Viele meiner Freunde schwärmten schon von den Einladungen zu ihnen nach Hause. Dabei betonten Sie immer, dass ihr Koch die besten Speisen auf den Tisch bringe, die sie jemals gegessen hätten. Ich freue mich deshalb so sehr, weil ich davon ausgehe, dass das auch wirklich stimmt. Gerne bringe ich ihnen eine Flasche Wein mit. Und wenn wir dann miteinander gegessen und getrunken haben, würde ich mich freuen, wenn wir zum Du übergehen könnten. Gerne würde ich dann sagen: „Lieber Philipp, Du bist der beste Gastgeber, den sich Deine Freunde nur wünschen können! Dass es dir noch lange gut gehen möge, wünsche ich Dir!“ Doch so weit sind wir ja noch nicht, deshalb verbleibe ich derzeit noch mit den besten Wünschen für ihr Wohlbefinden

ihr (oder doch schon Dein) Konrad

Tipp Steht vor dem Pronomen ein Artikel oder dergleichen, **kann** man das Folgende als Nomen auffassen. Du kannst dann selbst entscheiden, ob du groß- oder kleinschreibst!
Beispiele: *Grüß mir die **deinen/Deinen!** Jedem das **seine/Seine!***

3 Manchmal erscheinen Adjektive, Partizipien und Pronomen nominalisiert, wir schreiben sie aber trotzdem klein. Dies gilt, wenn sie sich auf ein vorhergehendes oder nachfolgendes Substantiv beziehen. Setze in den folgenden Lücken die richtige Schreibung ein.

Beispiel: Der Verkäufer zeigte mir die Hemden, das (b/B) _b_ laue gefiel mir besonders gut.

Das ist die (s/S) ___chönste und (g/G) ___rößte Wohnung, die mir zur Miete angeboten wurde. Diese ist jeweils am (e/E) ___rsten des Monats fällig. Als ich mir die Wohnung ansah, spielten auf der Wiese davor viele Kinder, einige (k/K) ___leine spielten Fangen, die (m/M) ___ittleren Fußball. Das (g/G) ___rößte für mich dabei war, dass die Kinder gar nicht laut waren. „Die sind immer recht leise, weil die (a/A) ___lten im Seniorenheim gegenüber ihnen dafür oft ein Eis spendieren.“ Dies meinte der Vermieter. Doch ich wusste noch nicht sicher, ob ich die neue Wohnung wirklich nehmen sollte, denn die (a/A) ___lte war eigentlich auch nicht schlecht und sie war schon so lange (m/M) ___eine, dass ich mich gar nicht von ihr trennen wollte.

4 Besonders aufpassen musst du bei Superlativen (2. Steigerung) von Adjektiven nach „am“ oder „auf das“/ „aufs“. Kann man nach ihnen mit „Wie?“ fragen, werden sie kleingeschrieben. Kann man nach ihnen mit „Woran?“ oder „Worauf“ fragen, schreibt man sie groß.

Beispiel: Dieses Haus ist am schönsten. → Frage: Wie?
Es fehlt ihm am Nötigsten. → Frage: Woran?

Setze in die Lücken den fehlenden Buchstaben ein.

Englisch ist für mich am (l/L) ___eichtesten zu lernen, auf alle Fälle leichter als Mathematik. Das (l/L) ___eichteste der Schulfächer ist aber natürlich Kunst. Doch als ich auch in diesem Fach eine Schulaufgabe schreiben sollte, erschrak ich aufs (ä/Ä) ___ußerste. Am (d/D) ___ringendsten war ich hier auf Hilfe angewiesen, denn damit hatte ich nicht gerechnet.

5 Präge dir besonders die nachfolgend aufgeführten Wörter und Wendungen gut ein – sie werden am häufigsten falsch geschrieben. Am besten schreibst du sie dir einzeln auf Kärtchen und wiederholst sie mehrmals. Lasse sie dir anschließend in zufälliger Reihenfolge diktieren.

im Argen liegen ▪ Arm und Reich ▪ gegen bar ▪ zum Besten geben ▪ durch dick und dünn ▪ im Dunkeln tappen ▪ von fern ▪ aufs Ganze gehen ▪ Gleich und Gleich gesellt sich gern ▪ zum Guten wenden ▪ Jung und Alt ▪ über kurz oder lang ▪ seit längerem ▪ von nah und fern ▪ von neuem ▪ auf Rot schalten ▪ ins Schwarze treffen ▪ schwarz auf weiß ▪ auf dem Trockenen sitzen ▪ im Trüben fischen ▪ von weitem

6 Unterstreiche in der Liste alle Begriffe, die Eigennamen sind und bei denen deswegen der erste und der zweite Bestandteil großgeschrieben werden müssen! Schreibe dann alles, wobei du dir unsicher warst, noch einmal korrekt in dein Übungsheft ab und bilde noch einen Satz damit.

die deutsche bahn → *die Deutsche Bahn*

Die Deutsche Bahn ist eine Bahngesellschaft in Staatseigentum.

die deutschen bahngesellschaften

das schwarze meer

die olympischen spiele

das rote kreuz

der westfälische friede

die gelbe hütte

das auswärtige amt

der großartige einsatz

die vereinigten staaten von amerika

die freie und hansestadt hamburg

der schiefe turm von pisa

die hamburger straße

das weiße haus in washington

die chinesische mauer

der italienische wein

der emmentaler käse

die norddeutsche tiefebene

der holländische salat

das bürgerliche gesetzbuch

die nordafrikanischen länder

die schwäbische alb

der äußere ring

das kap der guten hoffnung

der krumme baum

der eiserne wille

das sternbild großer bär

Tipp

Bei Titeln, bestimmten Kalendertagen und in vielen fachsprachlichen Bezeichnungen gilt Großschreibung, obwohl es sich nicht um Eigennamen handelt. Im Zweifelsfall: Schlage im Lexikon nach!
Beispiele: *der Heilige Vater, der Regierende Bürgermeister, der Heilige Abend, der Erste Mai, das Fleißige Lieschen (= Blume)*

7 Eine letzte kleine Übung zur Groß- und Kleinschreibung: Überlege nochmals, ob es sich jeweils um ein Nomen/eine Nominalisierung (Großschreibung) oder eine andere Wortart (Kleinschreibung) handelt.

„Karl, hast du in der Englischschulaufgabe eine (z/Z) ___wei oder eine (d/D) ___rei bekommen?“ Das war Fritz sehr wichtig, denn die (z/Z) ___wei Freunde hatten oft gleiche Noten. „Meine Mutter meinte, dass ihr (j/J) ___a zu meinem Zeltlager im Juli nur gilt, wenn das (g/G) ___ute in meinem Zeugnis überwiegt.“ „Aber Fritz, die Noten, die (g/G) ___uten wie die (s/S) ___chlechten, die können doch nicht so wichtig sein wie das (i/I) ___ch, die Persönlichkeit! Wenn (i/I) ___ch ein schlechter Mensch bin, nützen gute Noten nichts.
Und im (n/N) ___achhinein, wenn wir nicht mehr in der Schule, sondern (e/E) ___rwachsene und (g/G) ___roß sind, ist manches jetzt (e/E) ___rwähnenswerte nicht mehr wichtig.“ Das (l/L) ___etztere sagte auch unsere Lehrerin, die alles mit angehört hatte und (s/S) ___ie hatte (r/R) ___echt damit.

Fehler-Check

Lass uns dein Wissen überprüfen – schreibe den Text als Laufdiktat „mit langem Weg“ ab oder lass ihn dir diktieren und überprüfe anschließend Wort für Wort, ob du alles richtig hast.

Über der Nordsee und großen Teilen des Norddeutschen Tieflands breitete sich gestern Abend ein Sturmtief aus. Dieses atlantische Tief näherte sich zunächst mit einem breiten Wolkenband von den Britischen Inseln und wird am Montagvormittag bis nach Südwestdeutschland vorgedrungen sein. Seit längerem bereits dort festsitzende Regenfelder werden weiter nach Osten abgedrängt werden. Dies hat für die Menschen dort Vor- und Nachteile: Sie werden teilweise nicht mehr im Trüben fischen und die Sonne kommt öfters zum Vorschein. Am schnellsten werden das die Badener und die Württemberger Gebiete zu spüren bekommen. Im bayerischen Gebiet jedoch dauert es noch etwas länger, bis die Sonne nach den letzten Regentagen wieder hervorkommt. Doch nicht alle Menschen werden zufrieden sein. Leider werden den ganzen Vormittag über nicht nur leichte Lüftchen wehen, die sie erfreuen. Nein, es wird wirklich stürmisch und teilweise empfindlich kalt – kälter als die Kälte letzte Woche. In Augsburg und München jedoch liegt nichts im Argen. Lokal wird es dort um die 15 Grad Celsius geben.
Am kältesten wird es im Fränkischen in Nürnberg mit acht Grad.
Aber diese Unterschiede sind nichts Neues.

☐ Fehler	0 – 4 Fehler	5 – 8 Fehler	mehr als 9 Fehler
	Super!	In Ordnung!	Bitte noch einmal üben!

5 Getrennt und Zusammenschreibung

Verben und Verbindungen mit Verben

Morgen will ich Rad fahren, denn im Auto sitzenbleiben macht II

keinen Spaß. Doch Moment: Mein Fahrradschlüssel ist verlo-

rengegangen.

Regeln

1. Verbindungen eines Verbs mit einer **Infinitivform** (Grundform) oder einem **Partizip** (Mittelwort) schreibt man meist getrennt.
   Beispiele: *Wir wollen heute* ***essen gehen****. Das Gute soll immer* ***bestehen bleiben****. Sie werden in Zukunft* ***getrennt leben****. Im Gefängnis werden Straftäter* ***gefangen gehalten****.*

2. Verbindungen mit **sein** werden grundsätzlich getrennt geschrieben.
   Beispiele: *zusammen sein, beisammen sein, an sein*

3. Verbindungen von selbstständigen Adverbien (= mit eigenständiger Bedeutung), die auf **-wärts** enden, werden getrennt vom folgenden Verb geschrieben. Dies gilt auch für mehrgliedrige Adverbien wie **aneinander**, **auseinander** usw. wenn die Betonung auf dem Verb liegt (aneinander denken).
   Beispiele: *Wir sollen* ***vorwärts einparken****. Sie können heute* ***auswärts essen****.*
   Aber: *Wir wollen alle* ***vorwärtskommen*** *(im Sinne von „sich vorwärts bewegen können").*

4. Verbindungen aus Nomen und Verb werden meistens getrennt geschrieben. Dies gilt auch für Adjektiv und Verb, wenn das Adjektiv steigerbar ist oder durch sehr oder ganz erweitert werden könnte.
   Beispiele: *Wir wollen* ***Auto fahren****.* ***Aber:*** *Wir gehen eislaufen (Bedeutung „Eis" gilt als verblasst). Lehrer sollen Schüler (sehr)* ***ernst nehmen****. Wenn Kinder* ***groß*** *(vgl. „größer")* ***werden****, …*
   Aber: *Nomen werden* ***großgeschrieben****. (Keine Steigerung/Erweiterung ohne Sinnveränderung möglich!)*

Übungen

1 Markiere die Wortgrenzen der Wortschlange durch senkrechte Trennstriche und schreibe den Text anschließend nochmals in korrekter Groß- und Kleinschreibung in dein Übungsheft ab.

WIRWOLLENFROHSEIN,DASSWIRLESENLERNENUNDAUCHKLAVIERSPIEL
ENDÜRFEN.WENNWIRLAUTSINGENUNDUNSEREHAUSAUFGABENSAUBE
RSCHREIBEN,WERDENWIRVONUNSERENLEHRERNNICHTKRITISCHBEÄU
GT.WIRWERDENDANNNICHTALLEINSEINUNDUNSWIRDKEINBÖSESWORT
GESAGTWERDEN.SOGARDASMUSIKHÖRENIMSCHULHAUSWIRDERLAUB
TWERDENUNDDERDIREKTORWIRDIMMERFREUNDLICHUNDAUFMERKSA
MLÄCHELN.

Tipp Auch Adverbien können mit Verben kombiniert werden. Man schreibt zusammen, wenn der erste Bestandteil als unabhängig vorkommendes Wort nicht mehr gebräuchlich ist: *zunichtemachen, abhandenkommen, vorliebnehmen*. Getrennt schreibt man, wenn die Betonung auf dem Verb liegt, z. B. *miteinander reden, zusammen spielen (Spielkameraden sein)*. Unterscheide davon andere Bedeutungen wie zusammenspielen (ein gutes Team sein)! Besteht der Adverbteil aus einer Zusammensetzung Präposition/Nomen, kann man oft wählen, wie man die Wortgruppe schreibt. *Beispiel: infragestellen ↔ in Frage stellen, zugrunde legen ↔ zu Grunde legen, zuhause sein ↔ zu Hause sein, aber: das Zuhause*

2 Entscheide bei den folgenden Wendungen, ob du sie zusammen- oder getrennt schreibst, groß oder klein ... Vervollständige die Sätze.

frei – sprechen ▪ groß – ziehen ▪ frei – sprechen ▪ kalt – stellen ▪ schwarz – fahren ▪ gut – schreiben ▪ Teil – nehmen ▪ vorüber – gehen ▪ Klavier – spielen ▪ hervorragend – singen ▪ gut – schreiben ▪ zusammen – halten ▪ auseinander – gehen ▪ kalt – stellen

Wenn ihr ______________________________, ist eure Rede überzeugend.

Wir wollen unser Geld ____.

Kann ich auch so _____________________________________ wie Goethe?

Der Tenor Pavarotti hat immer _____________________________________.

Ich möchte ____________________________ lernen, da mir Musik gefällt.

Vor Gericht sollen Unschuldige ____________________________ werden.

Der Gärtner ist der Profi für das _______________________ von Pflanzen.

Schlechtes Wetter – das soll _____________________________________.

Mario wird ermordet, so wird dieser Mafioso _______________________.

Der Kühlschrank wird ____.

Die ________________________ Sportler bekommen eine Auszeichnung.

Das Geld wird auf deinem Konto ___________________________________.

Manche Busfahrgäste ____.

Eheleute ________________ bei einer Scheidung ____________________.

Tipp Bei Verben mit sogenannt trennbarer Zusammensetzung wird je nach Wortstellung der Verbzusatz am Anfang (Präfix) in manchen Formen abgetrennt und im Aussagesatz ans Ende gestellt. Im Infinitiv und den beiden Partizipien steht er immer am Anfang.
Beispiel: *vorangehen, vorangehend, vorangegangen*
Ich gehe zügig voran.
Einigen Verben sind untrennbar zusammengesetzt.
Beispiel: *maßregeln, maßregelnd, maßgeregelt*
Ich maßregele ihn.

3 Bilde mit den Gegensatzpaaren sinnvolle Sätze. Achte dabei auf die jeweils unterschiedliche Bedeutung der Ausdrücke.

preisgeben – einen Preis geben: ______________________

____

____

maßhalten – das rechte Maß halten: ______________________

____

____

feststellen – fest stellen: ______________________

____

____

auf Nummer sicher gehen – sichergehen – sicher gehen: __________

____

____

flottmachen – flott machen: ______________________

____

____

wiedergeben – wieder geben: ______________________

____

____

zusammentragen – zusammen tragen: ______________________

____

____

Fehler-Check

Alles verstanden? Setze die richtig konjugierte (= gebeugte) Form ein.

Der Lehrer sagte, diese beiden Worte muss man (zusammen+schreiben) ____________________. Das wird uns nicht (schwer+fallen) ____________________. Doch Karl kann's nicht. Er (Angst+haben) ____________________ vor dem (sitzen+bleiben) ____________________. „Wenn ich (sitzen+bleiben) ____________________, kann ich nicht so schnell (vorwärts+kommen) ____________________. Sicher werde ich mit meiner Mutter (aneinander+geraten) ____________________. Hoffentlich (auseinander+gehen+mit meiner+-Freundin+nicht) ____________________. Wenn unsere Liebe (groß+sein) ____________________, wird alles (gut+werden) ____________________." „Lade sie doch ein, ihr solltet (essen+gehen) ____________________, dann könnt ihr (miteinander+sprechen) ____________________ und alles (in+Frage+stellen) ____________________, was (zu+Hause+ sein) ____________________, und überlegen, was zu tun ist, wenn dich dein Vater (Maß+regeln) ____________________." „Das (gut+sein) ____________________, aber Papa (Verständnis+haben) ____________________. Der (lieb+haben+mich) ____________________."

☐ Fehler	0 – 3 Fehler Super!	4 – 5 Fehler In Ordnung!	mehr als 5 Fehler Bitte noch einmal üben!

Nomen, Adjektive und andere Wortarten

Das Hunde Haus war fleckiggrün gestrichen. Rötlichblau war das Dach und im futter Napf waren Leckereien. Aber Air Conditioning hatte es nicht. Waldi lebte dort trotzdem wie im Schlaraffen Land, übelnehmen konnte ihm das niemand. III II I

Regeln

1. Zusammensetzungen aus **Nomen + Nomen, Nomen + Adjektiv** sowie **Adjektiv + Adjektiv** werden meist zusammengeschrieben.
   Beispiele: *Manteljacke, Blumenvase, Holzhaus, Bundhose, Kamelhaar; affenstark, kinderleicht, tagelang, schultauglich, ofenwarm, kreideweiß; nasskalt, gelbgrün, hellblau, kleinlaut, streichelzart, braunkariert*

2. **Nominalisierungen aus zwei Wörtern,** deren **zweiter Bestandteil** ursprünglich **ein Verb** war, werden ebenfalls zusammengeschrieben.
   Beispiele: *das Pizzaessen, das Kräftemessen, ein Freischwimmen*

3. Getrennt werden Verbindungen aus **Partizip (erster Bestandteil) + Adjektiv** sowie **zwei Adjektiven** geschrieben, wenn das erste Adjektiv eine Ableitung auf **-ig, -isch, -lich** ist:
   Beispiel: ***kochend** heiß, **leuchtend** gelb; **grünlich** blau, **gespenstisch** klein, **holprig** steil*

4. Schreibung mit Bindestrich gibt es bei **Ziffernschreibung von Zahlen** zur optischen Absetzung vom Rest des Wortes, auch bei Erweiterung um **-er** in Zusammensetzungen (z. B. 4-Eck, 14-tägig, 68er-Jahre, 13er-Schlüssel), und fakultativ wenn **Wortbestandteile in Zusammensetzungen besser erkennbar** gemacht werden sollen (z. B. Main-Schifffahrt statt Mainschifffahrt) und bei Entlehnungen aus dem Englischen (z. B. Hand-out bzw. Handout, Job-sharing bzw. Jobsharing).

Übungen

1 Bei der Schreibung der folgenden Wörter werden oft Fehler gemacht. Präge sie dir gut ein. Manche werden getrennt geschrieben, manche zusammen. Bilde mit jedem Wort einen Satz (du kannst auch gleich mehrere davon in einen längeren Satz einbauen) und schreibe ihn in dein Übungsheft. Unterstreiche anschließend das Wort und überprüfe mithilfe der Liste hier im Buch nochmals die Schreibung.

allezeit ▪ auf Wiedersehen ▪ außer dass ▪ beiseite (abstellen) ▪ beiseitelegen ▪ beizeiten ▪ bisweilen ▪ das erste Mal ▪ der Ehre halber ▪ derweil ▪ ein bisschen ▪ eine kurze Zeit lang ▪ erstmals ▪ gar + kein/nicht/sehr/wohl ▪ in bekannter Weise ▪ inmitten ▪ manches Mal ▪ manchmal ▪ nächstes Mal ▪ ohne dass ▪ so einmal ▪ so etwas ▪ soeben ▪ so/wie/zu + Adjektiv (z. B. „so helles Licht") ▪ (an)statt dass ▪ zu Ende ▪ zu Fuß ▪ zu Hilfe ▪ zu Lande ▪ zu Schaden (kommen) ▪ zumindest ▪ zur Zeit (im Sinne von: „zu der Zeit Goethes") ▪ zurzeit (im Sinne von „derzeit")

Tipp Nicht immer ist die Getrennt- und Zusammenschreibung eindeutig geregelt. Manchmal kannst du selbst entscheiden, wie du schreiben möchtest. In Zweifelsfällen gilt: Schlage in einem Rechtschreiblexikon nach.
Beispiele: *zu Grunde legen ↔ zugrunde legen, Rat suchend ↔ ratsuchend, außerstand setzen ↔ außer Stand setzen, zuleide tun ↔ zu Leide tun, zuwege bringen ↔ zu Wege bringen, eine Zeit lang ↔ eine Zeitlang, so dass ↔ sodass, weitverbreitet ↔ weit verbreitet*

2 Setze aus folgenden Grundnomen und den angegebenen weiteren Nomen neue Wörter zusammen. Finde jeweils zwei weitere Zusammensetzungen. Achte dabei auf das sogenannte Fugenzeichen: Wenn wir Nomen zusammensetzen, stehen sie manchmal einfach ohne Verbindung aneinandergereiht (z. B. „Hauptplatz"), manchmal steht ein verbindender Laut (meist **e, s, es, n, en**) dazwischen (z. B. „Frühlingserwachen"). In einigen Fällen gibt es auch beide Varianten (Einkommensteuer ↔ Einkommenssteuer).

Urlaub + Abenteuer, Schönheit, Wellness, Erholung, Liebe

Abenteuerurlaub, ____________________

____

____

Anzug + Training, Haus, Männer, Sport, Schlaf

____

____

____

Braten + Hase, Rind, Schwein, Lamm, Hack

____

____

____

Tipp Diese Übung kannst du mit beliebig vielen Wörtern wiederholen. Versuche es doch auch mit Nomen + Adjektiv und Adjektiv + Adjektiv. Wenn du diese Zusammensetzungen in dein Übungsheft schreibst, gewinnst du zusätzlich an Sicherheit.

3 Jetzt drehen wir den Spieß um! Formuliere du Regeln zur Schreibung mit bzw. ohne Bindestrich anhand nachfolgend genannter Beispiele.

der x-te, zum x-ten Mal, die n-te Potenz, **aber:** abclich, ÖVPler; der 68er, 100%ig Regel: ______________________________

____

____

das Entweder-oder, das Teils-teils, das Als-ob

Regel: ______________________________

____

das Auf-die-lange-Bank-Schieben, das An-den-Haaren-Herbeiziehen

Regel: ______________________________

____

____

Hoch-Zeit ↔ Hochzeit, Nach-Denken ↔ Nachdenken, Vor-Sätze ↔ Vorsätze, Arbeiter-Unfallversicherungsgesetz ↔ Arbeiterunfallversicherungsgesetz, Drucker-Zeugnis ↔ Druck-Erzeugnis ↔ Druckerzeugnis

Regel: ______________________________

____

4 Setze Bindestriche ein, wo sie nötig sind.

Hamburger__Hafen, Berg__und__Talfahrt, das In__den__Tag__Hineinträumen, Joseph__Maria__Lutz__Straße, Hawaii__Inseln, Lange__Gasse, Abend__Make__up, Baden__Württemberg, New__Yorker Bürgermeister

Tipp Straßennamen werden sehr oft falsch geschrieben. Dabei gibt es einige einfache Grundregeln:
a) Bezeichnen mehrteilige Eigennamen die Straße/den Weg etc., so werden alle Worte mit Bindestrich verbunden.
Beispiele: *Bert-Brecht-Straße, Oskar-von-Miller-Ring*
b) Wird nur ein Namensteil verwendet, schreibt man ihn mit der Straßen-/Wegbezeichnung zusammen. Dies gilt auch für unflektierte (nicht deklinierte) Adjektive.
Beispiele: *Goethestraße, Luisenplatz, Langgasse, Altmarkt*
c) Abgetrennt werden nur flektierte Adjektive und Orts-/Ländernamen auf **-er** geschrieben.
Beispiele: *Münchner Straße, Lange Gasse, Mittlerer Ring*

5 Wenn bei mehrteiligen Adverbien die einzelnen Wortarten oder Bedeutungen nicht mehr erkennbar sind, schreibt man sie zusammen.
Beispiele: *Zusammensetzungen mit -dessen: indessen, infolgedessen (i.S.v. deshalb), unterdessen*
Ordne nachfolgend aufgeführte Wortbestandteile richtig zu, indem du mit dem jeweils zweiten Bestandteil sinnvolle Kombinationen bildest:

aller- ▪ aller- ▪ andern- ▪ der- ▪ dies- ▪ eben- ▪ eines- ▪ gerade- ▪ kein- ▪ keines- ▪ kluger- ▪ mancher- ▪ meisten- ▪ neuer- ▪ probe- ▪ schlimmsten- ▪ sowie- ▪ zugegebener-

-dings: ______________________________

-falls: ______________________________

-mal: ______________________________

-maßen: ______________________________

-orts: ______________________________

-so: ______________________________

-teils: ______________________________

-wegs: ____________________

-weise: ____________________

Tipp Eben Geübtes gilt auch für Zusammensetzungen mit -halber, -orten, -seits, -wärts, -wegen, -weil, -weilen, -zeit, -zeiten, -zu. Suche doch zu diesen Wortbestandteilen selbstständig Beispiele und schreibe sie in dein Übungsheft.

6 Zusammensetzungen aus einem Adjektiv als zweitem Bestandteil und einer anderen Wortart werden immer zusammengeschrieben, wenn der erste Teil paraphrasierbar (also mit einer Umschreibung erklärbar) ist.

von Angst erfüllt ↔ *angsterfüllt*

Bilde aus den nachfolgenden Umschreibungen jeweils ein zusammengesetztes Adjektiv.

so weich wie Butter ____________________

so breit wie ein Finger ____________________

strahlend vor Freude ____________________

rot wie Feuer ____________________

zu Faul zum Denken ____________________

durch Alter schwach ____________________

wirksam für die Werbung ____________________

nass, dass es tropft ____________________

Tipp Oft steht zwischen dem ersten Bestandteil und dem Adjektiv ein verbindender Buchstabe/Laut (Fuge). Dies ist ein untrügliches Kennzeichen, dass zusammengeschrieben wird.
Beispiel: *sonne + n + arm ↔ sonnenarm.*

Fehler-Check

Lass uns schauen, ob's schon klappt. Folgenden Text solltest du dir diktieren lassen. Dabei überprüfst du auch deine sonstigen Kenntnisse.

Oft denkt man, es ist babyleicht, wenn man jemanden eine Strickjacke anfertigen sieht. Manche Mädchen üben sich in einem regelrechten Kräftemessen, wer von ihnen mehr leuchtend blaue, blassgelbe oder grünlich schimmernde Dinge strickt. In der Fritz-Bauer-Straße in Berlin-Wedding ist ein Wollgeschäft, das wirklich alles hat: Wolle in allen erdenklichen Farben, allezeit ein großes Stricknadelangebot, Vorlagen in bekannter Weise und bisweilen auch in neuen Formen und Mustern. Nur Hochzeitskleider konnte man eigentlich noch nie stricken – nicht einmal in der Hoch-Zeit der Strickkleidung, den 70ern und 80ern, war das üblich! Zumindest in Deutschland gab es das wohl nicht. Eine Zeit lang war es aber normal, jedem zu jeder erdenklichen Gelegenheit selbstgestrickte Socken zu schenken. Nur dann, so meinten die vielen Strickfreunde, sei man gut zu Fuß unterwegs. Entweder man mochte diese Dinger oder man hasste sie. Dieses Entweder-oder spaltete früher Familien, ja die ganze Gesellschaft. Heute freuen sich die Menschen, die Socken bekommen, meist darüber. Denn es wurde viel heißer Liebe hineingestrickt – das stellt niemand in Frage, denn es ist 100%ig richtig!

☐ Fehler	0 – 4 Fehler Super!	5 – 8 Fehler In Ordnung!	mehr als 8 Fehler Bitte noch einmal üben!

6 Fremdwörter

Immer wieder kommen wir mit Wörtern in Kontackt, die aus frem- I
den Sprachen stammen. Ob „Fonetik" oder „Phüsik", „Metafer" III
oder „Apoteke" – es wimmelt nur so davon. Warum das so ist? I
Manchmal haben wir im Deutschen einfach keinen adäkwaten I
Begriff, manchmal will der Redner dadurch aber einfach nur
mehr Pablicity erreichen. Denn manche Wörter sind einfach „inn". II

Regeln

Bei Wörtern aus fremden Sprachen unterscheiden wir Fremdwörter und Lehnwörter. Letztere bereiten uns meist keine Schwierigkeiten, weil sie in Schreibung und Lautung bereits so „eingedeutscht" sind, dass wir sie gut und einfach schreiben können. Aufpassen müssen wir also bei den „richtigen" Fremdwörtern:

1. Im Deutschen sind Kurz- und Langvokale meist durch besondere Kennzeichen (z. B. Verdopplung des nachfolgenden Konsonanten oder Längenkennzeichen) markiert – in Fremdwörtern fehlen diese Markierungen meist – aber eben nicht immer.
   Beispiele:
   Kurzvokale: Artikel, Sekt, aktiv, aber: Sakko, Espresso, Pizza
   Langvokale: Krise, Physik, Lektüre, aber: Blamage, Tableau

2. Für viele Fremdwörter gibt es je nach Herkunftssprache bestimmte Schreibweisen, die man sich einprägen sollte. Dazu ist es nicht unbedingt nötig, die Herkunftssprache zu kennen, aber manchmal hilfreich.
   Beispiele: *Griechisch (th, ph, y, rh, ik), Lateinisch (ieren, tion, iv), Englisch (oo, ea, ity), Französisch (eur, euse, eau, age)*

3. Manche Fremdwörter gibt es in eingedeutschter, aber auch in alter Schreibweise und man kann wählen, wie man schreibt. Fachsprachliche Begriffe, z. B. aus dem Deutschunterricht oder den Naturwissenschaften, behalten aber zumeist ihre fremdsprachliche Schreibung.
Beispiele: *Photographie ↔ Fotografie, aber: Rhythmus, Physik*

Übungen

1 Ordne die nachfolgend aufgeführten Fremdwörter der jeweiligen Ursprungssprache zu und achte beim Abschreiben, dass du dabei keine Fehler machst. Bei Wörtern, deren Bedeutung du nicht kennst, solltest du in einem Wörterbuch nachschlagen.

Toilette ▪ Kompanie ▪ Athlet ▪ cool ▪ Party ▪ Logik ▪ Spaghetti ▪ Gratulation ▪ agieren ▪ Reality ▪ Rhythmus ▪ Garage ▪ euphorisch ▪ Astronomie ▪ Pizza ▪ Pathos ▪ kompatibel ▪ Realismus ▪ Hearing ▪ kursiv ▪ Amateur ▪ Konter(fußball) ▪ Astrologie ▪ reagieren ▪ Niveau ▪ Masseuse ▪ Lektion ▪ Atmosphäre ▪ Reader ▪ Präsident ▪ Ergonomie ▪ Zucchini ▪ Café ▪ Reaktion ▪ Hymne ▪ Soiree ▪ Ghetto ▪ Psychologie ▪ Rhabarber ▪ Student ▪ Looping ▪ Skizze ▪ Optik ▪ Kommunismus ▪ Technologie ▪ Camping ▪ Tableau ▪ Theater ▪ Philosophie ▪ aktiv ▪ Hobby ▪ Varieté ▪ Fatalismus ▪ Komponieren ▪ Dissing ▪ Installateur ▪ Pinocchio ▪ Konterfei ▪ Community ▪ Blamage ▪ Joghurt ▪ Ökonomie

Englisch: -ea-, -ing, -ity, -oo-, -y:

___

___

___

Französisch: -age, -é, -eau, -eur, -euse, -oi

___

___

___

Griechisch: -ik, ph, rh-, th, -y-, -logie, -nomie

Lateinisch: -ent, -ieren, -ismus, -iv, kom-, konter-, -tion

Italienisch: gh, -cch-, -zz-

2 Nachfolgend sind einige Wörter aufgeführt, bei denen die Schreibung wahlweise eingedeutscht oder in alter fremdsprachlicher Weise erfolgen kann. Ordne sie einander zu und unterstreiche die Form, die dir besser gefällt.

scharmant ▪ potenziell ▪ Joghurt ▪ Hämorriden ▪ Panter ▪ Mayonnaise ▪ Schi ▪ polyphon ▪ substanziell ▪ schick ▪ Thunfisch ▪ Myrrhe ▪ charmant ▪ Getto ▪ Geografie ▪ Wagon ▪ Jogurt ▪ Saxophon ▪ substantiell ▪ Hämorrhoiden ▪ Katarr ▪ Ski ▪ Majönäse ▪ Geographie ▪ Delfin ▪ Ghetto ▪ Panther ▪ Myrre ▪ Katarrh ▪ Tunfisch ▪ potentiell ▪ Saxofon ▪ Delphin ▪ Waggon ▪ chic ▪ polyfon

Alte Schreibweise	**Eingedeutschte Schreibweise**
chic	*schick*

Tipp

Präge dir besonders die folgenden Wörter ein:
Disharmonie, ultramarin, Rhythmus, These, Rhapsodie, Biosphäre, Biotop, polygam, Pseudonym, Rhesusfaktor, indiskutabel, Pseudowissenschaft, Unikum, Apposition, Katastrophe, Unikat, Rhetorik, phänomenal, Sphäre, Philosophie, Leichtathletik, Theke, Theater, Orthografie/Orthographie, Teleskop, Pädagoge, Hymne, apathisch, Militär, Katapult, Metapher, Hektar, Strophe.
Am besten verwendest du die Kärtchenmethode zum Lernen und schreibst dir auf die Rückseite die Bedeutung dazu. So erweiterst du auch gleich deinen Wortschatz.

3 Schreibe einen kurzen Text, in dem du die folgenden Wörter korrekt einsetzt. Wenn du die Bedeutung nicht kennst, musst du sie vorher nachschlagen.

Update ▪ sympatisieren od. Sympathie ▪ Kommissar ▪ euphorisch ▪ Atmosphäre ▪ Mythos ▪ Präsident ▪ Hektik od. hektisch ▪ ideal od. Ideal ▪ Message ▪ Massage ▪ Phase ▪ Reaktion ▪ futuristisch ▪ egal ▪ Distanz ▪ Delegierter od. delegieren ▪ Harmonie od. harmonisch

Tipp Für Fremdwörter gilt ganz besonders: Immer wenn du dir unsicher bist, musst du im Rechtschreiblexikon nachschlagen. Hierbei geht es nicht nur um die richtige Schreibweise, sondern auch um die bei Fremdwörtern darin enthaltene Worterklärung. Das gilt fürs Schreiben, aber manchmal versteht man auch in der gesprochenen Sprache ein Wort nicht ganz und verwendet es trotzdem. Vorsicht: Nur wenige Mitmenschen machen einen dann auf den Fehler aufmerksam, aber viele bemerken ihn und machen sich (hintenherum) über einen lustig! Erweitere deinen Wortschatz!

Fehler-Check

Setze in die Lücken die richtige Schreibweise ein und korrigiere die sieben Fehler, die im Text enthalten sind, indem du das betreffende Wort durchstreichst und richtig darüber schreibst.

Das Recyclen von wertvollen Abfällen wurde in Deutschland zum S___stem erhoben. Dabei sammeln die Bürger den Müll fast wie im A___ord. Während die sonstige Industrie in der Kr___se steckt, funcktioniert es bei der Mülltrennung wie bei einer guten Maschiene. Entweder trennen die Menschen ihren Abfall gleich und bringen ihn zu spe___iell aufgestellten Cont___nern oder der Müll wird in einem gelben Sack oder einer gelben Tonne von daheim abgeholt. In der Müllverwertungsanlage wird dieses Komglomerat dann von Fachleuten oder maschinell getrennt. Oft kommen im Minuten___ythmus die Müllfahrzeuge an und bringen neue Abfälle. Nur noch wenige Menschen disckutieren bei uns die Nutzung der Wertstoffe. Fast jeder empfindet S___mpa___ie für den Gedanken, dass man mit Wegwerfen fast schon Gutes tut. Früher war das nur ___eorie, heute ist es gängige Prax___. Und wenn jemand seine Wertstoffe einfach in die Restmülltonne wirft, haben die Müllwerker eine perfeckte ___erapie: Sie leeren einfach die Tonne nicht. In manchen Gegenden ist das schon eine Blamasche vor den Nachbarn. Besonders dann, wenn die anderen schon regelrechte Mülltrennungsfr___ks geworden sind!

☐ **Fehler**	**0 – 2 Fehler** **Super!**	**3 – 5 Fehler** **In Ordnung!**	**mehr als 5 Fehler** **Bitte noch einmal üben!**

Worttrennung

Manche Menschen können gar nicht lesen. Sie sind dann Anal-
phabeten. Viele davon waren sogar in der Schule, aber der Schu-
lhof war für sie wichtiger als das Klassenzimmer. Kam die Reih-
e an sie, wenn vorgelesen wurde, hatten sie Tricks. Und am A-
bend vor dem Einschlafen lasen sie natürlich auch nicht. Denn-
och sind nicht alle davon faul, da insgesamt bis zu einem Dri-
ttel es einfach trotz Trainings nie lernt.

Regeln

Worttrennung ist eine praktische Sache. Bist du am Ende einer Schreibzeile angekommen, aber dein Wort ist noch nicht zu Ende, kannst du es trennen und in der nächsten Zeile weiterschreiben. So sieht ein Text einfach besser aus. Trennen kannst du aber nur mehrsilbige Wörter!

1. Meistens ist es relativ einfach: Du sprichst dir das Wort langsam leise vor und unterbrichst nach den Sprechsilben. In fast allen Fällen sind diese Grenzen dann auch die Stellen, an denen man das Wort trennt.
Beispiele: *Schul-haus, Ka-pi-tän, Scho-ko-la-den-fa-brik, Koh-le-kraft-werk, Ter-pen-tin, Ru-i-ne, in-di-vi-du-ell, Ein-stein, Kom-pott, Ro-se*

2. Aber Vorsicht: Einzelne Buchstaben am Wortanfang und am Wortende werden nicht abgetrennt, auch nicht in zusammengesetzten Wörtern. Und wenn die Worttrennung den Leser verwirren könnte, sollte man sie unterlassen, obwohl man trennen dürfte!
Beispiele: *Abend (nicht: A-bend), Ju-ni-käfer (nicht: Jun-ikäfer), Kleie (nicht: Klei-e), Ur-instinkt (nicht: Urin-stinkt)*

3. Steht zwischen den Vokalen der Sprechsilben ein Konsonant, kommt er auf die neue Zeile. Stehen mehrere Konsonanten, kommt der letzte auf die neue Zeile
Beispiele: *Ha-fer, Mi-nis-te-rium, Be-rech-ti-gung, Ho-se, Wachs-ta-fel*

Übungen

1 Schreibe die aufgeführten Wörter in korrekter Groß-/Kleinschreibung mit Trennstrichen auf, indem du nach Sprechsilben trennst. Aber Vorsicht: Einige Wörter kann man gar nicht trennen.

WEIHNACHTEN ▪ ARME ▪ WELT ▪ BETTTUCH ▪ DIENSTAG ▪ BESITZER ▪ SCHULE ▪ NOTLÖSUNG ▪ MEERESTIERE ▪ SCHWESTER ▪ MUTTER ▪ GLÜCKLICH ▪ ARBEITSTAG ▪ SPIEGEL ▪ RADIO ▪ SONNE ▪ FENSTER ▪ MORGEN ▪ WIND ▪ ZEHNTEL ▪ BÜRGERMEISTER ▪ ARM ▪ JÜNGSTER ▪ ARMEE ▪ BESONDERES ▪ NACHRICHTEN ▪ KLASSE ▪ HANS ▪ DINGWÖRTER ▪ BUCHSTABE ▪ JAHRBÜCHER ▪ BESONDERS

Weih-nach-ten,

Tipp Eine Silbe muss einen Vokal haben, sonst ist es keine Silbe! Deshalb darf man z. B. „Geld“ nicht in Ge-ld trennen. In „ld“ steht kein Vokal. Vergleiche aber „Geld, Gel-des, Gel-der“.

2 Schreibe aus der Liste alle Wörter heraus, die du nicht an den Sprechsilben trennen kannst.

Magda ▪ Vorsilbe ▪ Ufer ▪ Tempo ▪ oder ▪ Äste ▪ Ahorn ▪ lustig ▪ Zeile ▪ Alarm ▪ Esel ▪ diese ▪ die ▪ fossil ▪ Frankreich ▪ und ▪ Besteck ▪ Wald ▪ Fortuna ▪ Biotonne ▪ Anekdote ▪ Land ▪ Ehe ▪ Treue ▪ Franziskus ▪ Igel ▪ forthin ▪ aber ▪ Schanze ▪ triftig ▪ Boa ▪ Bär ▪ Leber ▪ Ekel ▪ Wurstende ▪ Oboe ▪ München ▪ Aal ▪ Autobahn ▪ Flasche ▪ Ofen ▪ Heizung ▪ Idee ▪ Pause ▪ Ende ▪ Lied ▪ vorbei ▪ Adel ▪ Klebefilm ▪ Textmarker ▪ Eber ▪ Geschichte ▪ eben ▪ Oberstufe ▪ teuer ▪ Tradition

____

____

____

____

____

____

____

3 Nicht immer ist die Trennung nach Sprechsilben ganz einfach. Sind Wörter zusammengesetzt oder haben sie eine Vorsilbe, wird an dieser Stelle getrennt. Korrigiere die nachfolgend aufgeführten falschen Trennungen (durch Unterstreichung gekennzeichnet), indem du die Wörter mit korrekten Trennzeichen nochmals abschreibst.

Att-raktion ▪ komp-lett ▪ Prog-ramm ▪ De-sinteresse ▪ au-fessen ▪ Bet-reuung ▪ Verg-nügen ▪ Tran-saktion ▪ Fraktion-sausschusss

____

____

____

____

Tipp Manchmal erkennen wir Zusammensetzungen nicht mehr als solche. Dann darf man selbst entscheiden, ob man nach Sprechsilben oder nach den Bestandteilen trennt. Diese Regelung gilt auch für Fremdwörter, in denen auf einen Konsonanten ein **l, n** oder **r** folgt:
Beispiele: *hi-nauf* oder *hin-auf, he-ran* oder *her-an, Li-noleum* oder *Lin-oleum, no-ble* oder *nob-le, Ma-gnet* oder *Mag-net, Fe-bruar* oder *Feb-ruar*

4 Als Letztes: Passe bei Diphthongen, z. B. **ai, au, äu, ei, eu, oi,** und Konsonantenverbindungen, die für nur einen Laut stehen, z. B. **ch, ck, ph, rh, sch,** und **th,** besonders auf. Diese Verbindungen werden nie getrennt. Übrigens: Auch das stumme **e** bei **ie** wird nicht abgetrennt. Übe dies, indem du in den folgenden Wörtern senkrechte Trennstriche einfügst.

B r ü c k e, D e u t s c h e, n a i v, H ä u s e r,

e i n i g, R o c k r h y t h m u s, T o i l e t t e,

R e u e, T r a u u n g, h e u e r, w a s c h e n,

M y r r h e, M a t h e m a t i k, P h i l o s o p h i e,

H a i n b u c h e, R a u c h e n, K a t h e d e r,

R i e s e, Z u c k e r, k a t h o l i s c h, A u t i s t,

Z w i c k a u, W i e s e, M ä u s e, B r o i l e r

Tipp Wenn du dir nicht sicher bist, wie du trennen musst: Verzichte einfach darauf! Trennst du nicht und lässt in einer Zeile noch Platz frei, sieht das nicht immer schön aus, aber es ist zumindest nicht falsch. Trennst du aber falsch, machst du einen wirklich unnötigen Fehler!

Fehler-Check

Hast du alles verstanden? Jetzt darfst du Lehrer spielen und korrigieren. Streiche jedes Wort an, das falsch getrennt wurde und schreibe die Verbesserung in dein Heft. Du bekommst aber einen Fehlerpunkt, wenn du Richtiges anstreichst, Falsches übersiehst oder falsch verbesserst.

Aschenbe-cher, Stra-pazen, Schulh-of, Er-de, Ka-sten, Anal-phabet, über-listen, A-sche, sitz-en, Gerichts-hof, Brü-ckenbauer, Verge-bung, Sprecher-ziehung, Leidens-gefährtin, Über-sicht, Un-sinn, Kanari-envogel, ver-edeln, schuld-en, Schreibma-schine, Kalen-der, Fas-hion, Drucke-rei, Maul-esel, verros-tet, Erschei-nung, Re-chner,Beam-ter, Rös-chen, Was-ser, Schwei-gen, selb- stständig, A-berglaube, Va-ter, Schwes-ter, ober- ste, Biblio-thek, A-del, Reih-e, Ru-te, Tem-pel, Mä-nner, Klei-esuppe, Atom-kraft, Uh-u, Ho-se, Bäu-me, Rac-he,Düssel-dorf, As-che, Zeichen-brett, Rö-hre, Wach-stafel, gol-den, Re-bensaft, Ur-laubszeit, Schulunter-richt, leug-nen, El-tern, Ko-mma, Tren-nung, Tri-fokalbrille, erns-te

☐ **Fehler**	**0 – 3 Fehler** **Super!**	**4 – 6 Fehler** **In Ordnung!**	**mehr als 6 Fehler** **Bitte noch einmal üben!**

8 Zeichensetzung

Das Komma

Am Nachmittag, kam Anton auf den Gedanken_dass er mit II
ins Kino geht. Peter_Paul, und Tim wollten mitkommen, Das II
Kino_das sie besuchen wollten_war in der Stadt. Sie brauchten II
den Bus_um dort hinzukommen. Der Fahrer_ein unwirscher II
Mann_ließ sie aber nicht einsteigen_um sie zu ärgern. II

Regeln

1. Das Komma trennt **gleichrangige aneinandergereihte Sätze** und **Wörter,** wenn sie nicht durch **und, oder, bzw., sowie, wie, entweder … oder, nicht … noch, sowohl … als** etc. verbunden sind.
   Beispiele: *Das Essen ist gut, ich freue mich.*
   Aber: *Das Essen ist gut und ich freue mich. Peter, Paul, Friederike und Antonia gehen heim.*

2. Nebensätze werden durch Komma abgetrennt. Sind sie in einen Hauptsatz eingeschoben, steht am Anfang und am Ende ein Komma.
   Beispiele: *Ich hoffe**, dass du kommst**. Ein Tier, **das nicht gut frisst,** ist krank. **Obwohl die Sache klar war,** hat er anders gehandelt.*

3. Gleiches wie für Nebensätze gilt für Zusätze und Nachträge:
   Beispiele: *Mein Onkel**, ein großer Forscher,** war eines Tages**, es war mitten in Afrika,** in großer Gefahr. Das war am Mittwoch**, den 14. Juli**.*

4. Erweiterte Infinitive **kann** man zur besseren Übersichtlichkeit mit Komma abtrennen. Werden sie durch **um, ohne, statt, anstatt** und **außer** eingeleitet, **muss** man es tun! Die Kommapflicht gilt auch, wenn der Infinitiv von einem Nomen abhängt oder wenn es ein verweisendes Wort gibt.
   Beispiele: *Das Kind schrie ununterbrochen**, um seine Mutter aufmerksam zu machen**. Er wurde beim **Versuch, die Lösung abzuschreiben,** ertappt. Er liebte **es, nichts zu tun**.*

Tipp Achtung: Satzglieder sind keine Teilsätze! Achte auf das Prädikat: Ohne Prädikat (bestehend aus einem Verb) ist's auch kein Satz!
Beispiel: ***Hinter den sieben Bergen*** *wohnt Schneewittchen → Lokaladverbiale, kein Komma.*
Teilsätze sind (vollständige/unvollständige = mit eigenem/mit gemeinsamem Subjekt) Hauptsätze oder Nebensätze.
Beispiele: *Ich kam,* ***sah*** *(→ Subjekt fehlt, alleiniges Prädikat)* ***und siegte*** *(→ wie vorher, aber kein Komma, da mit „und" verbunden). Ich hoffe,* ***dass du glücklich bist*** *(→ Komma, weil erster vollständiger Nebensatz),* ***dass du froh bist*** *(→ Komma, weil zweiter, gleichrangiger Nebensatz)* ***und lange lebst*** *(→ dritter gleichrangiger Nebensatz, gemeinsames Subjekt mit zweitem Nebensatz, aber kein Komma, da mit „und" verbunden).*

Übungen

1 Im nachfolgenden Text sind gleichrangige Teilsätze, Wortgruppen und Wörter verbunden. Mache an den Stellen, an die ein Komma gehört, einen deutlich sichtbaren senkrechten Strich.

Karl wurde immer wieder von seiner Mutter gefragt | sie bedrängte ihn geradezu sie redete auf ihn wie auf einen kranken Hund ein. Er wollte aber nicht nach England Irland oder Australien fliegen. Seine Mutter dachte dass ein Schüleraustausch ihm bei seinen Englischkenntnissen helfen könnte dass er selbstständiger wird und dass er sich insgesamt einfach entwickelt. Um all diese Dinge ging es in ihren Gesprächen. Sie beredeten viele Sachen in diesem Zusammenhang wichtige Einzelheiten zu Schule und Leben. In diesen langen und intensiven Gesprächen zwischen Mutter und Kind ging es aber dann plötzlich nicht mehr nur um Schulisches oder die Kenntnisse in der Fremdsprache Englisch.

Zwischen den beiden ging es dann um Zwischenmenschliches und sie besprachen ihr ganzes Verhältnis zueinander.
Nach einigen Tagen kamen sie sich wieder richtig nahe und am Ende wollte Karl dann nach England. Seine Mutter war überglücklich und dankbar für diesen Sinneswandel aber noch mehr freute sie ihre nun wieder gute Beziehung zueinander.

Tipp

Wenn du **vollständige** Hauptsätze (Aussagesätze) aneinanderreihst und sie mit „und“ verbindest, **kannst** du trotzdem ein Komma machen, wenn der Satz dadurch für dich übersichtlicher wird. Die Regel besagt nur, dass man bei **und, oder** etc. kein Komma setzen **muss**. Haben zwei Hauptsätze aber ein gemeinsames Subjekt (unvollständiger zweiter Satz), darfst du kein Komma setzen
Beispiel: *Fritz isst Kuchen(,) und er freut sich darüber.*
Aber: *Fritz isst Kuchen und freut sich darüber.*

Hauptsätze erkennst du daran, dass die Personalform (= **finite Form**) des Prädikats **an zweiter Satzbaustelle** steht.
Beispiele: ***Franz isst viel Kuchen.*** *→ „Franz“ = Subjekt/1. Stelle, „isst“ = finite Form von „essen“: Du erkennst daran die 3. Person Präsens.*
Franz hat viel Kuchen gegessen. *→ „Hat“ und „gegessen“ bilden ein zweiteiliges Prädikat, die finite Form „hat“ steht an zweiter Stelle nach dem Subjekt, „gegessen“ ist das 2. Partizip von „essen“ und wird zur Bildung der Perfektform verwendet. Sie ist aber infinit, d. h. es handelt sich um keine Personalform. Sie wird in allen Personen gleich verwendet, z. B. „Du* ***hast*** *(= 2. Person) Kuchen gegessen (2. Partizip; wie oben).* ***Aber Franz hat viel Kuchen gegessen.*** *→ Konjunktionen (hier: „aber“ am Satzanfang) werden nicht als Satzglied gezählt. Erstes Satzglied bleibt das Subjekt, der finite Teil des Prädikats „hat“ steht wieder an zweiter Stelle.*

2 Umkreise die finiten Formen, unterstreiche die Hauptsätze und kennzeichne Kommastellen wieder mit senkrechtem Strich.

Die sieben Zwerge sahen auf Schneewittchen und sie beobachteten sie genau. Das Mädchen hatte den Apfel der bösen Frau gegessen obwohl sie sie gewarnt hatten. Diese war aber schon wieder hinter den sieben Bergen verschwunden und freute sich über das Missgeschick des Mädchens. Jetzt mussten die netten Zwerge aber schnell handeln.

3 Nebensätze erkennst du daran, dass der finite Prädikatsteil am Ende steht. Sie werden durch eine unterordnende Konjunktion (z. B. **dass, obwohl, weil**) oder durch ein Relativpronomen (z. B. **der, welcher, jener**), das sich auf ein Nomen (oder Pronomen) im Hauptsatz davor bezieht, eingeleitet.
Umrahme zuerst die finiten Prädikatsteile am Nebensatzende, markiere einleitende unterordnende Konjunktionen rot, kreise Relativpronomen ein und unterstreiche dann den Nebensatz. Dann setzt du an allen Kommastellen wieder einen senkrechten Strich.

Thomas | der gerne Pizza isst | hoffte sehr | dass er zum Geburtstag einen Gutschein für die Pizzeria bekommt. Obwohl Onkel Franz ihm das nicht versprochen hatte glaubte er fest an dieses Geschenk. Onkel Franz der neben Onkel Knut sein Lieblingsonkel ist hat immer ein besonderes Gespür für das was sich Thomas wünscht. Aber diesmal schien es so als ob sich sein Traum nicht erfüllt. Onkel Franz betrat den Raum trug ein Paket herein und meinte nur: „Das wird dir gefallen!“ Thomas nahm das Paket es war schwer und sah so gar nicht nach einem Gutschein aus.

Er fragte sich was da wohl drin ist. Die Neugier trieb ihn trotz seiner leichten Enttäuschung. Schnell öffnete er die Schachtel. Pizzateller waren es und die freuten ihn auch – wenn auch nicht so sehr wie ein Essensgutschein. Als er sie sich genau angeschaut hatte brüllte er plötzlich vor Freude los. Auf dem ersten Teller klebte ein Zettel mit einem Pizzarezept zum Selbermachen aber auf dem zweiten Teller klebte auch ein Zettel: Das war der ersehnte Gutschein für die Pizzeria Da Tino. „Da gehen wir gemeinsam hin wenn du mich jetzt überhaupt noch mitnimmst Thomas!" „Aber klar Onkel Franz!" Und mit diesen Worten waren beide auch schon unterwegs in Richtung Da Tino wo sie der Chef persönlich in Empfang nahm und wo sie sich immer so wohl fühlten wenn sie beim Essen beisammen saßen.

Tipp Manchmal steht ein Nebensatz vor einem Hauptsatz. Da mit einer unterordnenden Konjunktion eingeleitete Nebensätze Satzglieder „vertreten", folgt in diesen Fällen im Hauptsatz sofort das finite Verb. Die Regel „an zweiter Stelle" ist also eingehalten!
Beispiel: *Dass du kommst, freut mich.* → *„Dass du kommst" vertritt das Subjekt des Hauptsatzes: „Wer oder was" freut mich?*
Ganz selten gibt es „nichteingeleitete Nebensätze". Man erkennt sie nur daran, dass sie allein keinen oder einen anderen Sinn ergeben als mit dem Hauptsatz zusammen. Bei ihnen steht die finite Form des Verbs wie im Hauptsatz an zweiter Stelle. Ob du diese Sätze als Nebensätze erkennst, ist für die Kommasetzung egal. Setze das Komma einfach wie bei zwei gereihten Hauptsätzen.
Beispiel: *Ich hoffe sehr, du kommst heute!* ↔ *Ich hoffe sehr, dass du heute kommst!*

Ist ein Hauptsatz sehr kurz, kann das finite Verb auch hier am Ende stehen. Anders als bei Nebensätzen kannst du aber ein weiteres Satzglied dahintersetzen. Mache die Probe:
Beispiele: *Er geht. → Er geht in großer Eile. (Hauptsatz)*
Aber: *Susi hofft, dass sie gewinnt. → Susi hofft, dass sie einen großen Preis gewinnt. (Das zusätzliche Satzglied steht vor dem finiten Verb, „gewinnt" bleibt in Endstellung.)*

4 Kennzeichne Stellen, an denen nachgetragene Erklärungen und Infinitivgruppen mit Komma abgetrennt werden **müssen**, wieder mit einem senkrechten Strich.

Anna treibt gerne Sport | besonders Jogging und Tennis. Dies macht sie | um schlank zu bleiben. Eines Tages es war mitten im Sommer wollte sie noch einmal kurz in den Wald. Sie rannte los ohne zu bedenken ein Handy mitzunehmen. Normalerweise liebte sie es ihr Handy überall dabeizuhaben. Tina ihre beste Freundin hatte auch immer eines dabei. Oft telefonierten die Freundinnen dann von unterwegs miteinander. Anstatt aber das Handy einzustecken nahm Anna aus Versehen den Schlüsselbund ihrer Mutter mit. Statt telefonieren zu können hätte sie jetzt das Haus mit zwei Schlüsseln mit ihrem und dem ihrer Mutter aufsperren können. Nur was sollte ihr das bei einem Unfall nützen? Und kurz nach Beginn des Waldes geschah es auch schon: Anna stürzte. Den Plan aufzustehen konnte sie vergessen. Sie hatte sich den Knöchel verstaucht. Lange zu warten das hasste Anna. Aber ihr blieb nichts anderes übrig als auf Hilfe zu hoffen. Und da kam auch schon Tina um nach ihr zu suchen. „Ich kann doch nicht ohne mit dir zu telefonieren überleben. Von deiner Mutter wusste ich von deinem Joggen. Ohne einen Moment zu zögern ging ich los dich zu suchen." Anna und Tina hatten es nie bereut sich miteinander angefreundet zu haben. Ihre Freundschaft war ihnen wichtiger als mit anderen zu quatschen. Und diesmal hat sie Anna ja auch fast das Leben gerettet ...

Tipp

Ist der Infinitiv, der sich auf ein Nomen oder Verweiswort bezieht, nicht erweitert, kann das Komma weggelassen werden, wenn ein falsches Verstehen ausgeschlossen werden kann.
Beispiel: Den Plan(,) abzunehmen(,) hatte Anna schon länger.
In allen Infinitivfällen in denen kein Komma gesetzt werden **muss**, **kann** ein Komma gesetzt werden, um die Satzkonstruktion deutlicher zu machen. Das gilt auch für erweiterte Partizipgruppen.
Beispiele: *Er hoffte (,) in Bangkok angekommen (,) auf gute Geschäfte. Unfähig(,) mit den dort lebenden Menschen ins Gespräch zu kommen(,) musste er aber ohne Abschluss wieder abreisen. Dieses Problem zu lösen(,) gelang ihm zeitlebens nicht.*
Bei mehrteiligen Orts-, Wohnungs-, Zeit- und Literaturangaben ohne Präposition kannst du das schließende Komma weglassen.
Beispiel: *Wir treffen uns am Freitag, den 14. Juli (,) in Hamburg. Ich wohne dort in der Müllerstraße, Rückgebäude, 1. Stock (,) in einer kleinen Zweizimmerwohnung. Über das Haus hat sogar schon die Zeitschrift „Architekt", Jahrgang 69, Heft 3, Seite 47 (,) berichtet.*
Bei Hinweisen auf Gesetze und Verordnungen werden keine Kommas gesetzt.
Beispiel: *§ 2290 Abs. 1 Satz 1 BGB*
Wichtig: Ein Komma wird **immer direkt ans Ende eines Wortes** gesetzt, also **nie am nächsten Zeilenanfang oder mit Leerraum davor!**

Fehler-Check

Kannst du schon alles? Setze Kommas ein.

Entweder legte sich der Sturm oder das Schiff konnte nicht ausfahren. Kapitän Hansen war sehr ungehalten dass ihm das immer dann passierte wenn jemand von der Reederei an Bord war. Statt es einfach hinzunehmen beschwerten sich die Mitglieder der Reederfamilie nämlich über jede Kleinigkeit. Ole Jannsen der Sohn des Reeders war diesmal mit seiner Familie an Bord. Es sollte eine schöne Überfahrt werden ein geruhsamer Urlaub war vorgesehen. Doch das war die Höhe! Anstatt pünktlich um neun Uhr abzulegen lagen sie um elf Uhr immer noch vertäut im Hafen. Das Schiff das erst vor zwei Jahren gebaut worden war und das das schönste Segelschiff der Welt sein sollte zumindest sagte das Kapitän Hansen schaukelte im Hafen hin und her. Unfähig diesen Sachverhalt als solchen anzuerkennen kam Ole Jannsen zu Hansen dem Kapitän auf die Brücke. „Fahren Sie endlich los Sie Heini!“ Hansen rührte das nicht denn er war viel zu erfahren als dass er sich von Jannsen reizen ließ. „Wollen Sie dass Ihr schönes Schiff beim Auslaufen an die Hafenmauer gedrückt und beschädigt wird? Das können Sie haben!“ Da wurde es Ole Jannsen mulmig denn er hatte Angst vor eventuellen Vorwürfen seines Vaters. „Nein entscheiden Sie Sie sind der Kapitän!“

☐ Fehler	0 – 2 Fehler	3 – 4 Fehler	mehr als 4 Fehler
	Super!	In Ordnung!	Bitte noch einmal üben!

Apostroph und Anführungszeichen

Lügen haben kurze Beine„ , sagte die Mutter zu Thomas. ||
‚Wenn du Peter 's Spielauto nochmals versteckst, bekommst ||
du viel Ärger mit mir. Doch das war Thomas Lieblingsbe- ||
schäftigung. Oma sagte immer: "Das ist Thomas Freude! ||
Immer den Schalk im Nacken! ' |

Regeln

1. Anführungszeichen kennzeichnen wörtliche Reden. Man setzt im Deutschen (anders als im Englischen) die Anführung vorne als Doppelstrich unten, das schließende Anführungszeichen oben. Satzzeichen, die zum wörtlich Wiedergegebenen gehören, setzt man dabei vor das beendende Anführungszeichen, Satzzeichen des Redebegleitsatzes danach.
   Beispiel: *„Ich bin ein armer Tropf!“, seufzte der Frosch und quakte.*

2. Mit doppeltem oder einfachem Anführungszeichen kann man Wörter oder Sätze in einem Text besonders hervorheben. Das gilt z. B. für Wortgruppen, auf die man besonders Bezug nehmen will oder die man anders verstanden haben will.
   Beispiele: *Kennst du Goethes „Faust“? Du bist mir ja ein „treuer Freund“! Theologie kommt von ‚theos‘, was griechisch ‚Gott‘ bedeutet.*

3. Steht im angeführten Text etwas ebenfalls Angeführtes, wird dies mit einfachem Strich gekennzeichnet.
   Beispiel: *Mutter schimpft: „Florian sagt: ‚Ich war es nicht!‘ Er lügt!“*

4. Apostrophe zeigen an, dass in einem Wort ein oder mehrere Buchstaben ausgelassen wurden.
   Beispiele: *Sokrates’ Bücher, in wen’gen Augenblicken, Ku’damm*

Übungen

1 Setze im Text dort Anführungszeichen in rot, wo welche stehen müssen, und in schwarz, wo welche stehen können, um Wichtiges hervorzuheben.

Das war wohl nichts! , meinte Frau Fischer zu Marion. Und wirklich: Ihr Trampolinsprung war eigentlich gar keiner. Bevor sie losrannte, brüllte sie: Ich habe Angst! Und was passierte? Sie sprang doch tatsächlich neben das Trampolin. Unter der Überschrift Das war wohl nichts veröffentlichte die Schülerzeitung Tüte dann zwei Wochen später einen lustigen Artikel darüber. Warst du das? , fragte Marion Eva, ihre beste Freundin. Nein, ich schreibe zwar für die Tüte, aber das war Frau Fischer. Marion war verwundert, lachte aber dann mit Eva doch über den witzigen Artikel, in dem sie ja auch nicht namentlich genannt wurde. Frau Fischer bzw. der Tüte aber schrieben sie einen ausführlichen und wohlwollenden Leserbrief.

Tipp Folgt der wörtlichen Rede ein Redebegleitsatz, bleiben Ausrufe- und Fragezeichen im angeführten Satz erhalten, ein Schlusspunkt aber fällt weg. Kommas werden beim eingeschobenen Begleitsatz **am Ende des angeführten Satzes** auch weggelassen, dafür wird der **Begleitsatz mit Komma abgetrennt**.
Beispiele: *„Ich freue mich so!“, rief Klara.*
Aber: *Ich freue mich. → „Ich freue mich“, sagte Klara.*
Oder: *Klara sagte: „Ich freue mich.“*
Und: *Ich hoffe, dass du kommst. → „Ich hoffe“, sagte er, „dass du kommst.“*

2 Im Deutschen wird anders als im Englischen das Genitiv-s direkt ans Wort angehängt. Da wir aber keine zwei S-Laute hintereinander sprechen können, lassen wir das Genitiv-s weg, wenn ein Wort auf **-s** endend geschrieben oder gesprochen wird. In diesem Fall setzen wir für das ausgefallene **s** dann einen Apostroph. Steht aber ein Artikel davor, fällt der Apostroph weg. Setzte die Genitivformen ein.

Andreas '	Haus	Haus *des Andreas*
Carlos ___	Schwester	Schwester ___
Ines ___	Topf	Topf ___
Felix ___	Haare	Haare ___
Cannes ___	Filmfestspiele	Filmfestspiele in ___
Giraudoux ___	Bücher	Bücher ___

Tipp Früher wurde auch an Begriffe, die auf -s enden, ein Genitiv-s angehängt. Man behalf sich damit, dass man zusätzlich ein -en- einfügte.
Beispiel: *Hans → heute „Hans' Auto", früher „Hansens Auto"*
Scheue dich nicht, den Genitiv mit Apostroph zu verwenden, das ist besseres Deutsch als die Umschreibung mit Präposition und Dativ.
Beispiel: ***besser** „Hans' Auto" **statt** „das Auto von Hans"*
Gelegentlich sieht man auch im Deutschen das Apostroph-s, z. B. bei nach Personen benannten Firmen, oder einen Apostroph vor -sch. Das entspricht zwar nicht den eigentlichen Regeln, wird aber toleriert, um Namen deutlicher erkennbar zu machen.
Beispiele: *Toni's Fahrschule ↔ Tonis Fahrschule, Einstein'sche Formel ↔ Einsteinsche Formel*

Fehler-Check

Alles verstanden? Na, das war auch nicht so schwer. Spiele nochmals Lehrer und korrigiere: Falsches wird unterstrichen und daneben verbessert. Du bekommst aber einen Fehlerpunkt, wenn du Richtiges anstreichst, Falsches übersiehst oder falsch verbesserst.

Der Geburtstag unseres lieben Heinz’ ist immer ____________

ein besonderes Fest. „Alles Liebe für dich!“ singen ____________

dann immer alle. “Das ist aber schön,“ , sagte Heinz, „ ____________

dass ihr alle da seid!’. Auch Heinz Schwester war ____________

aus Amerika gekommen. „Sogar die “New York ____________

Times“ hat über dich berichtet: ’Heinz in aller ____________

Munde’!“ „Aber Marion, da ist doch der Ketschup- ____________

Erfinder gemeint, nicht ich.“ antwortete Heinz. ____________

Alle lachten, dann stießen sie mit einem schönen ____________

Glas Bordeaux’ an. „ ‚Bordeaux ist mir lieber als ____________

‚Chardonnay’!“ „Aber Heinzi, wenn du zu viel Wein ____________

trinkst, ist es egal, ob es Rot- oder Weißwein ist. ____________

Zu viel Wein und du weinst! Marion liebte solche ____________

Wortspiele. ____________

☐ Fehler	0 – 2 Fehler Super!	3 – 5 Fehler In Ordnung!	mehr als 5 Fehler Bitte noch einmal üben!

Binde-, Gedanken- und Ergänzungsstrich

In der Peter Maier Straße passierte zwischen einem 70jährigen II
Autofahrer und- Bienen ein Unfall. – Was wohl geschah? I
Der Rentner fuhr achtlos am Boden spielende Bienen-
mädchen und jungen tot. Mit Absicht? -- Nein, mit dem Reifen! II

Regeln

1. Den Bindestrich, er sieht wie ein Trennstrich aus, kann man immer einsetzen, wenn man in einem zusammengesetzten Wort die einzelnen Bestandteile deutlicher lesbar machen möchte. Man muss ihn einsetzen, wenn mehrteilige Begriffe am Anfang aus mehr als einem Eigennamen bestehen oder wenn Einzelbuchstaben oder Ziffern verbunden werden.
   Beispiele: *Goethegymnasium/Goethe-Gymnasium, aber: Johann-Wolfgang-von-Goethe-Gymnasium, Oder-Neiße-Linie, A-Dur, 7,5-Tonner, 12-jährig, 12-Jähriger, 100stel-Millimeter*

2. Den Gedankenstrich schreibt man nicht direkt an die Wortgrenze, sondern zwischen die Wörter. Er ist etwas länger. Der Gedankenstrich dient dazu, beim Lesen eine kurze „Denkpause“ einzulegen. Es folgt etwas Weiterführendes, Unerwartetes oder ein Zusatz. So kann er manchmal auch statt eines Kommas stehen.
   Beispiele: *Er kommt nach Hause und sieht seine Frau – mit einem fremden Mann. Ich weiß nicht – ist es Hunger? – Oder bin ich sogar krank? Thomas – mein Freund – ist ein guter Schwimmer – meistens.*

3. Der Ergänzungsstrich wird wie der Bindestrich verwendet. In Aufzählungen zeigt er an, dass Gleiches ausgelassen wird.
   Beispiele: *Haupt- und Nebenwege, Schulbücher und -hefte, Straßenunter- und -überführungen.*

Übung

1 Schreibe die Begriffe/Sätze korrekt in die Zeile darunter, verwende also – wo nötig – Striche (aber keine Kommas oder Klammern, auch wenn das richtig wäre) und umkreise am Zeilenende B = Bindestrich, G = Gedankenstrich, E = Ergänzungsstrich oder K = kein Strich nötig.

Schienen, Straßen und Luftverkehr — B G (E) K

Eisenbahn-, Straßen- und Luftverkehr

bergauf und ab — B G E K

___

C Moll Tonleiter — B G E K

___

Wir gingen ins Haus ein kleines Gebäude und aßen. — B G E K

___

Woll und Baumwollgewebe — B G E K

___

in einer 25er Gruppe — B G E K

___

Druck E/er Z/zeugnis — B G E K

___

fertig und zuwege bringen — B G E K

___

zuwege und fertigbringen — B G E K

___

Friedrich von Schiller Straße — B G E K

___

Fehler-Check

Schreibe den Text nach Diktat oder in der Form eines Laufdiktates mit „weiten Wegen“. Konzentriere dich, du musst auf alles achten, nicht bloß auf unseren Übungsschwerpunkt „Striche“.

Das Entweder-oder, das viele Menschen kennzeichnet, ist für andere ein Problem. Manche halten einfach nichts vom In-den-Tag-Hineinträumen. Man sollte im täglichen Leben – im Beruf wie im Privaten – immer einen klaren Weg verfolgen. Wenn man saft- und kraftlos in den Tag hineinlebt, ohne zu wissen, was man eigentlich will, verpasst man viele Chancen. Ob man nun in Sankt Gilgen, in Marktredwitz oder in der Stadt Hagen wohnt, ist dabei egal. Ob man auf das Eduard-Mörike-Gymnasium oder die Buchnergrundschule geht – was soll's? Es ist auch egal, ob man Müller-Lüdenscheid oder von Graupwitz heißt. Wichtig ist, dass man sich kraft- und geistvoll um das kümmert, was das Leben insgesamt ausmacht. Ohne hier hochnäsig wirken zu wollen – Standard- sind individuellen Lösungen immer unterlegen. Wir können es nicht alle gleich machen – sind wir denn alle gleich? Nein – unser Leben ist so individuell wie wir Menschen, ja wie wir Lebewesen nun einmal alle sind. Und wenn uns unsere beruflichen Wege vielleicht an den Flughafen Köln-Bonn, in die Spar- und Darlehnskasse oder in die Automobil- oder Kühlschrank-Fabrik führen: Wichtig ist, dass wir wissen, was wir wollen. Ich jedenfalls will jetzt richtig rechtschreiben können und werde das ganz fleißig und jeden Tag üben.

☐ Fehler	0 – 4 Fehler	5 – 7 Fehler	mehr als 7 Fehler
	Super!	In Ordnung!	Bitte noch einmal üben!

Fehlervermeidung

„Die Widergabe der Audiodateien erfolgt mit dem PC." I

ka wie das gehen soll! I

Du hast mir doch empfolen, dich zu fragen! HDL II

Regeln

1. Immer wenn du dir unsicher bist, schreibe nicht einfach weiter. Unser „Bauchgefühl" gibt uns oft Warnsignale – auch bei der Rechtschreibung. Wenn du also merkst, dass du unsicher wirst: Freue dich darüber, unterbrich die Arbeit und schau im Rechtschreiblexikon nach.

2. Kannst du gerade nicht in einem Lexikon nachschauen: Vermeide das Wort und suche nach einem Synonym, dessen Schreibung du sicher beherrschst.
   Beispiele: abmachen *statt vereinbaren,* **Hilfsbereitschaft** *statt Wohlwollen,* **noch einmal tun** *statt wiederholen,* **im Freien** *statt draußen*

3. Vermeide, wenn du in einem Chatroom „mit jemandem schreibst", Unsinnsschreibungen, frei nach dem Motto: „Hier ist's ja egal!" – das ist es nicht. Richtige Schreibungen, oft genug wiederholt, prägen sich ein. Dummerweise gilt das aber auch für Falsches. Solche Schreibweisen solltest du also allenfalls verwenden, wenn du schon richtig gut in der Rechtschreibung bist.
   Beispiele: vielleicht *statt vll,* **bis dann** *statt bd,* **eigentlich** *statt eig*

4. Schreibe, wenn du kannst, mit dem Computer. Falsche Schreibungen werden von den Schreibprogrammen meist rot unterringelt. Erkennt der Computer einen Fehler, korrigiere ihn nicht einfach automatisch, sondern überlege erst selbst, bevor du die Lösungsvorschläge anschaust. Hast du den Fehler dann verbessert, schreibe dir die richtige Schreibung gleich dreimal per Hand in dein Übungsheft oder auf deine Lernkärtchen. Aber Vorsicht: Nicht alle Fehler werden vom Computer erkannt, z. B. Kleinschreibung der Anredepronomen.

Übungen

1 Wenn du dich in der Rechtschreibung verbessern willst, musst du die Regeln kennen. Überprüfe dein Wissen. Kreuze die richtigen Antworten an. Es sind oft mehrere Antworten richtig.

a) Wie werden Langvokale gekennzeichnet?
- ☐ manchmal gar nicht
- ☐ manchmal durch nachgestelltes h
- ☐ z. T. durch Verdopplung
- ☐ manchmal durch nachgestelltes e

b) Wie wird der lange I-Laut in der Regel in Fremdwörtern geschrieben?
☐ i ☐ ie ☐ ieh ☐ ih

c) Wie wird **wieder/wider** im Sinne von **nochmals** geschrieben?
☐ wider ☐ wieder

d) Wie wird der lange I-Laut im Auslaut geschrieben?
☐ i ☐ ie ☐ ieh ☐ ich

e) Welche Doppelvokale gibt es?
☐ aa ☐ ee ☐ ii ☐ oo
☐ uu ☐ ää ☐ öö ☐ üü

f) Wie werden Kurzvokale meist gekennzeichnet?
- ☐ Verdopplung des Vokals
- ☐ Verdopplung des nachfolgenden Konsonanten

g) Wann werden die Konsonanten bei Kurzvokalen nicht verdoppelt?
☐ bei ck ☐ bei tz ☐ bei lk ☐ bei Einsilbern
☐ bei rk ☐ nach ii ☐ nach äu ☐ bei -nis

h) Wie wird stimmhaftes S in der Regel geschrieben?
☐ s ☐ ss ☐ sz ☐ ß

i) Wann schreibt man ß?
☐ nach Diphthong ☐ nach Kurzvokal ☐ nach Langvokal

j) Wann schreibt man **das** mit einfachem S als Nebensatzeinleitung?
- ☐ Am Satzanfang
- ☐ Wenn es durch jenes/welches ersetzt werden kann.

k) Ist **dass**
☐ eine Konjunktion? ☐ eine Präposition?
☐ Relativpronomen? ☐ Einleitung eines Nebensatzes?

l) Welches sind die typischen Nomen-Signale, die auf Großschreibung hinweisen?
☐ Stellung im Satzbau ☐ voranstehender Artikel
☐ Suffixe wie **-keit, -schaft** ☐ voranstehendes Adjektiv

m) Nominalisierte Adjektive schreibe ich
☐ klein. ☐ groß.

n) Das Wörtchen **angst** schreibe ich klein in der Verbindung mit
☐ machen. ☐ werden.

o) In Verbindung mit **haben/tun** schreibe ich **recht/Recht**
☐ klein. ☐ groß.

p) Adjektive in Eigennamen schreibe ich
☐ klein. ☐ groß.

q) Großschreibung gilt für die Anrede mit dem
☐ **Du** ☐ **Sie**

r) Ableitungen von Ländernamen: Großschreibung gilt für
☐ Ableitungen auf **-isch**. ☐ Ableitungen auf **-er**.
☐ Bestandteile von Eigennamen.

s) Was wird bei Verben immer getrenntgeschrieben?
☐ Verbindungen mit **sein**
☐ Verbindungen mit **haben**
☐ Verbindungen mit Infinitiv
☐ Alle Verbindungen mit Adjektiv

t) Welche Verbindungen werden meist zusammengeschrieben?
☐ Nomen + Nomen ☐ Nomen + Adjektiv
☐ Partizip + Adjektiv ☐ Adjektiv + Adjektiv

u) Richtig geschrieben ist:
☐ Bert Brecht-Straße ☐ Langegasse
☐ Lange Gasse ☐ Bert-Brecht-Straße

v) Für die Fremdwortschreibung gilt:
☐ Es gibt nur Kurzvokale.
☐ Vokallänge ist oft nicht gekennzeichnet.
☐ Bestimmte Schreibweisen sind typisch und lernbar.

w) Bei der Worttrennung ist verboten
- ☐ nach Sprechsilben zu trennen.
- ☐ einzelne Vokale am Wortanfang abzutrennen.
- ☐ den Konsonanten zwischen den Vokalen der Silben auf die nächste Zeile zu schreiben.

x) Das Komma trennt
- ☐ Nebensätze vom Hauptsatz.
- ☐ Aufzählungen mit **und**.
- ☐ Satzglieder.
- ☐ Aufzählungen ohne **und**.

y) Für erweiterte Infinitive gilt:
- ☐ Man kann sie grundsätzlich mit Komma abtrennen.
- ☐ Man kann sich immer frei entscheiden, ob man ein Komma setzt.
- ☐ Es gelten bestimmte Regeln, z. B. muss bei **um** oder wenn es ein Bezugswort gibt, ein Komma gesetzt werden.

z) Anführungszeichen werden gesetzt:
- ☐ immer oben.
- ☐ am Anfang unten, am Ende oben.
- ☐ statt eines Apostrophs.
- ☐ wahlweise mit einem oder zwei Strichlein.

Tipp Wenn du (noch) viele Fehler machst, solltest du nicht immer wieder „querbeet“ einfach alles üben. Suche genau deine Fehlerschwerpunkte. Schreibe dir z. B. aus deinen letzten Diktaten deine Fehler heraus, ordne sie nach Bereichen (vgl. Kapitel 2 bis 8) und wiederhole bzw. übe gezielt diese Abschnitte.

2 Im folgenden Text sind 30 Fehler aus allen Schreibbereichen zu finden. Finde sie und verbessere am Rand.

Eines Tages versank der alte Grahf im _______________
Mohr als er auf Rebhuhnjagd war. “Liebe _______________
Erben“, stand in seinem Testament, „ihr _______________
seid mir zutiefst zuwieder – am liebsten _______________
würde ich euch übers Knieh legen! Ihr _______________
wollt nur mein Erbe! Aber stop! Gudrun, _______________
du Zikke du hezt immer alle auf! Sabine, _______________
du vermeintliche Ssonne – ausser einer _______________
großen Klappe hast du keine guten Eige- _______________
nschaften. Max, die rechtschaffenheit ist _______________
kein Kennzeichen von dir! Das große an _______________
Dir ist nur dein Bauch! Wird dir da nicht _______________
Angst? Und sie, Herr Meier, mein lieber _______________
Diener, Sie Schottischer Tölpel, sie wollen _______________
immer essengehen, die gold gelben Tisch- _______________
decken in der Pizzeria in der Goethe-Stra- _______________
ße haben es ihnen angetan. Dabei ist das _______________
alles nur Fysik - die Lampen sind so ein- _______________
stellt, das es so aussieht. Ich hoffe um _______________
an’s Ende zu kommen, das ich euch _______________
Nutzniesser meines Erbe’s nun vergesse.“ _______________

Tipp Achte ganz besonders auf die Zeichensetzung. Meist sind mehr als die Hälfte der von Lehrern angestrichenen Fehler Zeichensetzungsfehler, davon sind wiederum meist mehr als zwei Drittel Kommafehler. Lasse dein Geschriebenes regelmäßig von jemandem auf Fehler kontrollieren, der in diesem Bereich sicher ist. Wer selbst unsicher ist, ist dir kein guter Ratgeber. Wenn dir nun jemand zuverlässig deine Kommafehler angestrichen hat (z. B. dein Lehrer): Verbessere sie nicht einfach nur durch erneutes Abschreiben, überlege dir bei jedem Komma, z. B. unter Zuhilfenahme von Kapitel 8, warum es da stehen soll. So lernst du es.

3 Bevor du nun aber in Kapitel 8 oder im Fragebogen von Aufgabe 1 nochmals nachliest: Formuliere selbstständig die wichtigsten Zeichensetzungsregeln zu den angegebenen Stichpunkten und schreibe sie in dein Übungsheft.

a) Für die Trennung von mehreren Hauptsätzen gilt:
b) Für die Trennung von Haupt- und Nebensätzen gilt:
c) Für erweiterte Infinitive und Partizipien gilt:
d) Für Aufzählungen gilt:
e) Für wörtliche Reden gilt:
f) Für Apostrophe gilt:

Fehler-Check

**Schreibe ein letztes Mal nach Diktat oder als „langes“ Laufdiktat:
Dieser Text ist ein berühmtes Rechtschreibdiktat („Kosog’sches Diktat“) aus dem Jahre 1903 – angepasst an unsere heutigen Rechtschreibregeln. Im Diktat sind auch jeweils alle möglichen Alternativschreibweisen angegeben, die die Rechtschreibregeln erlauben.
Wenn du das Diktat schwierig findest, so ist das ein „normales“ Gefühl. Es gibt wenige Menschen, die damit keine Schwierigkeiten hätten.**

Info | Das Kosog’sche Diktat stammt eigentlich vom Germanisten Joseph Lammertz, der in einem Buch über Rechtschreibung damit deutlich vor Augen führen wollte, wie kompliziert insbesondere die Groß- und Kleinschreibung ist. Sein Ziel war es, die Rechtschreibregeln zu vereinfachen. Bekannt wurde es aber erst dadurch, dass es der Breslauer Lehrer Oskar Kosog 1912 auch in seinem Buch über die Rechtschreibung mit dem gleichen Ziel wie Lammertz aufgeführt hat. Deswegen wird es heute Kosog’sches Diktat genannt.

Liebe Kinder,
heute Nacht nahm ich mir vor$_{(,)}$ euch/Euch diesen Morgen einige Lehren fürs Leben des Näheren niederzuschreiben. Leset sie oftmals durch, so werdet ihr/Ihr euch/Euch bei Gelegenheit des Näheren entsinnen und danach handeln. Zwar kann ich euch/Euch nur etwas Weniges hinterlassen, aber euch/Euch etwas Gediegenes lernen zu lassen, dazu habe ich mein Bestes, ja mein Möglichstes getan. Ihr seid alle gut im Stande, sodass/so dass ihr/Ihr imstande/im Stande seid euch/Euch redlich durchzuschlagen. Sollte jedoch einer von euch/Euch je in Nöten sein, so ist es durchaus vonnöten, dass ihr euch/Euch gegenseitig helft.
Seid stets willens euch/Euch untereinander zu Willen zu sein. Irrt einer von euch/Euch, so sollen die Übrigen ihn eines andern/eines Andern, und zwar eines Bessern zu belehren versuchen. Achtet jedermann, Vornehme und Geringe, Arm und Reich. Seid keinem feind; denn jemandes Feind sein bringt oft Unheil. Tut niemand ein Leid an, so wird

man auch euch/Euch nicht leicht etwas zuleide/zu Leide tun. Euer seliger Vater sagte oft zu seinen Kindern: „Tut nie Böses, so widerfährt euch/Euch nichts Böses.“ Macht euch/Euch eine abrahamsche/Abraham’sche Friedfertigkeit zu Eigen, indem ihr/Ihr nach dem abrahamschen/Abraham’schen Wort handelt: „Gehst du zur Rechten, so gehe ich zur Linken.“ Wer von euch/Euch der Klügste sein will, der handle nach dem Sprichwort: „Der Klügste gibt nach.“ Tut nie Unrecht, seid ihr/Ihr aber im Recht, so habt ihr/Ihr recht/Recht, wenn ihr/Ihr euer/Euer Recht sucht, und ihr/Ihr werdet alsdann im Allgemeinen auch recht/Recht behalten. Lasst nichts außer Acht, ja außer aller Acht, wenn ihr/Ihr Freundschaft schließt; wählt nicht den ersten Besten als Freund und sorgt, dass ihr/Ihr unter euern/Euern Mitarbeitern nie die Letzten seid. Wollt ihr/Ihr Wichtiges zuwege/zu Wege bringen, so müsst ihr/Ihr ernstlich zu Werke gehen. Sucht auf dem Laufenden zu bleiben und zieht nie eine ernste Sache ins Lächerliche, denn etwas Lächerliches gibt es nicht. Verachtet nie das Leichte, so wird es euch/Euch schließlich ein Leichtes, auch das Schwierigste zu überwinden. Es ist aber das Schwierigste, dass man sich selbst bezwingt. Seid ihr/Ihr in einer Angelegenheit im Dunkeln, so übt Vorsicht, denn im Dunkeln stößt man leicht an. Seid auch im Geringsten nicht im Geringsten untreu. Zum Letzten rate ich euch/Euch Folgendes: Befolgt das Vorstehende, so braucht euch/Euch nicht angst zu sein; ohne Angst könnt ihr/Ihr dann zu guter Letzt auf das Beste/beste standhalten, auf das Beste hoffen und zeit eures Lebens dem Schicksal Trotz bieten.

Eure Mutter

☐ Fehler	0 – 5 Fehler Super!	6 – 10 Fehler In Ordnung!	mehr als 10 Fehler Bitte noch einmal üben!

Kapitel 1: Soforthilfe

Grundprinzipien der deutschen Rechtschreibung

Seite 6

1 Familie, Architekt, Hochglanz, Haken, denken, Fuß, Tante, Wagenrad

2 härter, hart; Körbe, Korb; Werke, Werk; Zwerge, Zwerg

Seite 7

3 Beispiellösung. Mindestens fünf Wörter je Wortstamm solltest du gefunden haben.

-haus-	Kaufhaus, Warenhaus, Hausmeister, zuhause, hausen
-klar-	Klarheit, klären, sonnenklar, Klarer, Klarsichtfolie
-treff-	Volltreffer, treffen, Treffpunkt, Jugendtreff, trefflich
-trink-	trinken, trinkbar, Trinkbecher, Gelegenheitstrinker, Trinklied
-lach-	Lacher, Lachgas, Gelache, Lacherfolg, lächerlich
-hand-	handwarm, handeln, Eisenhand, Handschmeichler, Händler
-strick-	Strickgarn, Gestrick, stricken, Strickliesel, Maschinenstrick
-traum-	Traumbaum, träumen, Geträumtes, Alptraum, traumhaft

4 Immer wieder hörte man aus dem Zimmer ein frohes und lautes Lachen in den Garten dringen. Daran war bestimmt der kleine Friedrich schuld, wenn man von Schuld in diesem Zusammenhang überhaupt sprechen kann. Vater meinte in diesen Fällen meist, dass es doch recht so ist, dass die Kinder so viel Spaß miteinander haben. „Kommt doch heraus, wir wollen jetzt schwimmen gehen!", rief er den Jungen im Haus zu. „Schwimmen – um diese Zeit? Gibt's denn kein Mittagessen? Ich muss etwas essen, ich habe so Hunger!", antwortete Karl durchs Fenster. „Gut, du hast Recht/recht!" Da musste das Schwimmen also noch einige Zeit warten. Denn nach dem Essen soll man ja bekanntlich nicht gleich ins Wasser gehen!

Fehler-Check

Seite 11

Überprüfe deine Lösung mit dem Diktat auf Seite 11.

Kapitel 2: Lange und kurze Vokale

Wie schreibt man lang gesprochene betonte Vokale?

Seite 13

1 ENDEVERGESSENGEBÜHRBRAVLOSEFASSENHOFGEFÜHLMOHR MONDFUSSHANDLUNGBISSSTAHLSEHRTADELTROCKENLAHMEN

L

Lösungen

VERMUTENACKERHEBENHITZEKÜHLUNGRUHRBISSCHENSPITZE
IHNENKAMINTROTZSCHWERMITTAGSJAHRTROCKENDASSDREIE

Ohne Längenkennzeichen: brav, lose, Hof, Mond, Fuss, Tadel, vermuten, heben, Kamin, schwer

Mit Dehnungs-h: Gebühr, Gefühl, Mohr, Stahl, sehr, lahmen/Lahmen, Kühlung, Ruhr, ihnen/Ihnen, Jahr

Seite 14

2 Morgens singt der alte Joe immer ein Lied und ist dabei sehr fröhlich. Man sieht es ihm schon an seiner Miene an! Sein Mal auf der linken Backe hüpft bei jedem Lachen, wenn er an seine Zeit als Matrose auf dem Meer zurückdenkt. Aber es war nicht immer leicht. Einmal wurde er fast von einem Wal verschluckt, als er morgens schon mehr von diesem braunen Rum getrunken hatte, als der Kapitän ihm erlaubt hatte. Der Schiffsjunge, ein dunkelhäutiger Mohr, versprach ihm ein Bild davon zu malen. Mit angespitzter Mine setzte dieser sich damals an Deck. Aber da kam der Kapitän. Wenn der schlecht gelaunt war, zuckte immer sein rechtes Lid am Auge. „Du hast keine Wahl! Wirf das Bild ins Wasser!" Ja, das war ganz sein Stil!
Wenn er mittags zu viel beim Mahl gegessen hatte, schimpfte er immer. Doch das macht Joe heute nichts mehr aus. Denn kurz nach ihrer Rückkehr von Haiti stürzte der Kapitän beim Spazierengehen in einem Moor und versank sofort. Später wurde der Sumpf dort trockengelegt und Getreide angebaut. „Wenn die jetzt Mehl mahlen, dann wird daraus bestimmt ein Kapitänsbrot. Was nutzt ihm da noch der ganze Ruhm, auf den er zu Lebzeiten so stolz war?", lachte der alte Joe, setzte sich in seinen Wagen und fuhr zum Bäcker.
Zwei Wörter sind aus dem Wortvorrat übriggeblieben. Schreibe die Geschichte weiter und setze sie ein.

Seite 15

3

a) Anderes Wort für „(mein) Schatz"	Liebling
b) Er „rät dazu". = Er ...	empfiehlt.
c) In der Apotheke kauft man	Medizin.
d) 60 Sekunden sind eine	Minute.
e) Mit dem Handy kann man lange	telefonieren.
f) Schreibmaterial	Papier
g) Erstes Lesebuch in der Schule	Fibel
h) Herr Maier, Ihr Buch gehört ...	Ihnen.
i) Karin jammert: „Ich habe nichts zum	Anziehen."
j) Es „passiert". = Es ...	geschieht.

Seite 16

4 der Aal (Sg.) ↔ die Aale (Pl.), die Beere (Sg.) ↔ die Beeren (Pl.), das Beet (Sg.) ↔ die Beete (Pl.), das Boot (Sg.) ↔ das Bötchen (Verkleinerungsform), das Gelee (Sg.) ↔ die Gelees (Pl.), das Haar ↔ das Härchen (Verkleinerungsform), das Heer (Sg.) ↔ die Heere (Pl.), die Idee (Sg.) ↔ die Ideen (Pl.), der Kaffee (Sg.), leer (Adjektiv) ↔ leeren (Verb), das Meer (Sg.) ↔ die Meere (Pl.), das Moor (Sg.) ↔ die Moore (Pl.), das Moos, das Paar (Sg.) ↔ das Pärchen (Verkleinerungsform), der Saal (Sg.) ↔ die Säle (Pl.), der Staat (Sg.) ↔ die Staaten (Pl.), die Waage (Sg.) ↔ die Waagen (Pl.)

Fehler-Check

Seite 17

a – ä – aa oder ah

der Name, sie sah es, die Waagschale, der Bischofsstab, das Saatgut, Aas (ein totes Tier), das Pärchen, die Schlagsahne, die Mahnung, die Qual, das Schicksal

e – ee oder eh

die Märchenfee, der Lehrling, das Volksbegehren, das Lorbeerblatt, ein schwerer Fehler, die Sehnsucht, der Kochherd, die Mülltonnenleerung, die Ausdehnung, sehr bequem, die Lehrerin, der Lehm

i – ie – ieh oder ih

die Schwierigkeit, ihr, die Lawine, Widerschein, nie und nimmer, das Blümchen gedieh, die Gardine, die Ruine, er sieht, die Regierung, viele, er stiehlt, die Prise, sie

o – ö – oo oder oh

moosiger Waldboden, die Belohnung, der Pilot, die Soße, der Mohnkuchen, die Dohle ist ein Vogel, rote Rosen, löse die Bande, der Ofen, die Glocke tönt, die Ohnmacht, ein Bötchen ist ein kleines Boot

u oder uh

die Urkunde, sie ist uralt, die Spule, die Armbanduhr

Wie schreibt man kurz gesprochene betonte Vokale?

Seite 19

1 Griffe, Grille, Grippe; helle, Henne; Hülle, Hütte; Mille, Minne, Mitte; Panne, Pappe; Riffe, Rille, Rinne, Rippe, ritte; s/Schaffen, s/Schallen, s/Scharren, Schatten; s/Schnallen, s/Schnappen, s/Schnarren

L

Lösungen

2 Beispiellösung:
Am Anfang bin ich mir auch oft unsicher. Man weiß nämlich im Leben manchmal nicht, warum und zu welchem Zweck und mit welchem Ziel etwas gemacht wird. Manches führt weg, manches aber auch hin zum gewünschten Ergebnis. Um z. B. in der Schule etwas zu erreichen, hat man mehrere Jahre Zeit. Von den Lehrern, aber auch vom Vater bekommt man Ratschläge. Ob sie befolgt werden oder nicht, liegt meist darin begründet, inwieweit man sie mit seinen eigenen Zielen in Übereinklang bringen kann. Darum ist es so wichtig, überhaupt Ziele zu haben und an sie und sich zu glauben!
Wenn du möchtest, kannst du dir diesen Text zur Übung auch nochmals diktieren lassen oder als Laufdiktat schreiben. Dann wirst du noch sicherer!

Seite 20

3

Ballen	→ Balken	Ballon	→ Balkon
Einfall	→ Einfalt	Halle	→ Halte(stelle)
Amme	→ im Amte	verschlammt	→ verschlampt
Kanne	→ Kante	Falle	→ Falke
Tasse	→ Taste	Rinne	→ Rinde
starr	→ stark	schnippen	→ schnipsen

4 Beispiellösung:
abdecken, abdrucken, abstecken, andocken, andrucken, ansteckend, Dock, Dreck, Druck, einstecken, entdecken, umstecken, verdrucken, verstecken

5 die Hetze, die Glatze, brenzlig, die Bundeskanzlerin, die Notiz, Rheinland-Pfalz, der Sitzplatz, die Wurzel, kurz, der Anreiz, die Kerze, das Schmatzen, die Grenze, jetzt, die Kreuzzugszeit, der Schwätzer, das Basketballnetz, geizig, die Schneeschmelze, der Rettungskreuzer, die Hitze

Seite 21

6 Beispiellösung:
Also bekam ich Mitleid. Seine Freundin traf halt öfters nicht den richtigen Ton. Ich bin daran auch oft verzweifelt. Vorige Woche traten die komische Lehrerin und sie in scharfem Ton mit einer Aufforderung an ihn und mich heran: „Greift euch einen Besen und holt eine Schaufel! Oder müssen wir mit großer Schrift an der Tafel aufschreiben: Die holen nichts, die treten nur zum Essen und zum Schlafen an?“ Voraus war kein böses Wort, kein Streit gegangen. Seltsam, nicht? Aber es ist auch immer wieder schnell vorüber. Danach sagten beide nämlich noch schnell ein nettes ‚Bitte‘. Da hat mein Freund in pathetischem Ton gesagt: „Wir treten voran, wir sind Helden.“ Käme euch das nicht auch seltsam vor?

7 Beispiellösung:

alle	alle beide, allen Übels, mein Ein und Alles, allenfalls
allein	alleinstehend, Alleinsein, alleingültig/allein gültig, Alleinheit
anstatt	anstatt dass
Antenne	Antennenbauer, Satellitenantenne, Antennenmast
Bälle	Basketball, Ballspiel, Fußball, Ballen, Ballast
beginnen	Beginn, das Beginnen, Beginner
bellt	Hundegebell, Beller, Gebelle
Bett	Bettgestell, Bettwäsche, Kinderbett, betten
billig	Billigangebot, ‚saubillig', billigen, Billigjob, Billigkeit
bitter	Bitterstoff, Magenbitter, Verbitterung, Bitternis
Brille	Brillengestell, Brillenschlange, Kinderbrille
brummt	Brummbär, anbrummen, Gebrumme, brummelig
dann	dann und wann, dannzumal
denn	mehr denn je
dumm	Dummheit, dummerweise, Dummerle, verdummen
fallen	Gefälle, Fallsucht, Gefallener, Gefallen, hinfallen
Fahrrad	Fahrradmechaniker, Herrenfahrrad, Fahrradständer
Freundinnen	Freundinnengespräch, Kinderfreundinnen
gegriffen	Ergriffenheit, Griff, greifen, begreifen, begriffen
geirrt	Irrtum, Irrer, verirrt, Irrheit, in die Irre gehen
gekommen	umkommen, ankommen, entkommen, verkommen
geschafft	Schaffen, Schäffler, Schaff, das Geschaffene
geschnitten	Schnitt, Schnitter, Schnittmuster, Kleingeschnittenes
gewollt	Gewolltes, Wille, willentlich
hell	Helligkeit, Helle, ein Helles (= Bier), aufhellen
Himmel	himmlisch, Sternenhimmel, Himmelsscheibe
hoffentlich	Hoffen, Hoffnung, Hoffnungslauf, unverhofft
immer	immerwährend, immerdar, für immer, immerhin
innen	Innenarchitekt, das Innere, innwendig, Innenausstattung
kaputt	kaputtlachen, kaputtgehen, kaputt machen/kaputtmachen
Kartoffeln	Kartoffelgratin, Futterkartoffeln, Kartoffelreibe
kennen	Kennenlernen, Kenntnis, Erkennen, verkennen
klettert	Kletterei, Erklettern, Kletterer, Klettersteig
kommen	Einkommen, Ankommen, verkommen, entkommen

L

Lösungen

Löffel	Löffelbiskuit, löffeln, die Suppe auslöffeln, ‚Rotzlöffel'
Mittags	Mittagspause, Mittag machen, mittäglich
Mittwoch	Mittwochskuchen, Mittwochslotto, Aschermittwoch
Mutter	bemuttern, Muttertag, Mutterliebe, Stiefmutter
nimmt	Benimmregeln, Benimm, Benommenheit
offen	Offenheit, Öffnung, eröffnen, öffentlich
Puppe	Puppenhaus, verpuppen, puppig, Püppchen
ritt	rittlings, Ausritt, Rittmeister, berittene Soldaten
sammeln	Sammelcontainer, Sammlung, versammeln
satt	sättigen, Sättigungsgefühl
Schiff	verschiffen, Schiffer, Schifffahrt, Schiffskapitän
sollst	Soll und Haben, Sollzustand, Soll-Gefühl
spannend	Spannungszustand, entspannen, Verspannung
still	Stille, ein Kind stillen, stilllegen, stillhalten
Stoff	Stoffmuster, Stoffballen, Baumwollstoff
Teller	Tellermine, Suppenteller, Porzellanteller
Treppe	Treppenlift, treppauf, treppab, Fischtreppe
trifft	Treffen, Treffer, Betroffenheit
verreisen	Reisefieber, Verreisemanie
verrückt	Verrücktheit, Unverrückbarkeit
vielleicht	das Vielleicht
voll	volltrunken, vollladen, Völlegefühl
wann	dann und wann
wenn	wenngleich, wennschon, das Wenn und Aber
Wetter	Wetterfrosch, wetterfühlig, Schönwetter
willst	Wille, willentlich, um Gottes willen, willens
Zettel	Notizzettel, anzetteln, Zettelkrieg
Zimmer	Zimmerbrand, zimmern, Schlafzimmer
zusammen	Zusammenkunft, Zusammenhalt

Seite 22 **Fehler-Check**

Wenn meine Mutter mir zum Geburtstag eine Puppe kauft, hüpfe ich vor Freude! Immer wieder werde ich von ihr überrascht. Das letzte Mal war im Herbst. Da bekam ich einfach so, es gab nichts zu feiern, eine Katze. Zwar war sie etwas krank, doch wir gingen gleich zum Tierdoktor und der machte sie wieder gesund.

Bald konnte sie wieder Wasser trinken und in der Sonne liegen. Wir verdoppelten ihre Streicheleinheiten und sammelten sogar Mäuse für sie. Die ließ sie sich durch die Kehle rutschen und grunzte dann immer zufrieden, fast wie ein kleines Ferkelchen. „Oft kann ich aber keine Mäuse fangen. Sonst werde ich noch selbst ein Kätzchen!“, meinte meine Mutti. Am meisten aber gefiehl unserem Schnurri, wenn wir ihre Freundinnen zu ihr brachten: Zwei Häschen in einer Pappschachtel. Aber auch mein Püppchen wird sie wohl mögen. Darum freue ich mich auch schon darauf!

Kapitel 3: Schreibung des S-Lautes

Wie ist's richtig: s, ss oder ß

Seite 24

1. Eise, -sen, Bremse, -sen, Meise, -sel, -sen, Drüse, -sen, Felsen, also, Hose, -sen, Rose, -sen, Pinsel, Gänse, Reise, -sen, Raser, -sen, Amsel, löse, -sen, Speise, -sen, Besen, Mörser, Ferse, -sen, Weser, -sen, Käse, -ser, -sen, Hase, -sel, -sen, diese, -ser, -sen, Riese, -sel, -sen, Vase, -sen

2. Schloss, weil man die Verlängerung Schlösser stimmlos spricht.
Genuss, weil man die Verlängerung Genüsse stimmlos spricht.
Schluss, weil man die Verlängerung Schlüsse stimmlos spricht.
Los, weil man die Verlängerung Lose stimmhaft spricht.
Greis, weil man die Verlängerung Greise stimmhaft spricht.
Verlies, weil man die Verlängerung Verliese stimmhaft spricht.
Maus, weil man die Verlängerung Mäuse stimmhaft spricht.

Seite 25

3.

Infinitiv	Präsens	Präteritum	Perfekt
bremsen	ich bremse	ich bremste	ich habe gebremst
reisen	er reist	er reiste	er ist gereist
rasen	wir rasen	wir rasten	wir sind gerast
grasen	es grast	es graste	es hat gegrast
lesen	ihr lest	ihr last	ihr habt gelesen
preisen	ich preise	er pries	sie haben gepriesen
blasen	z. B. ich blase, er bläst	z. B. wir bliesen, ihr bliest	er hat geblasen

L

Lösungen

4 beschlossen, besser, Lerchenstraße, Kinosessel, Genossen, bisschen, Soße, Kissen, Wasser, Schlüssel, Nässe, Pässe, Fessel, gefräßig, fließen, fleißig, zuverlässig, hassen, Nüsse, Masse (i. S. v. Gewicht) oder Maße (i. S. v. Länge und Breite), Rüssel, Größe, Schüsse, aßen, vergisst, gefasst, außen, Hessen, äußern

Seite 26

5 essen, aßen, gegessen, das Essen, Esslöffel, isst
fließen, das Floß, geflossen, Fluss, Fließband, fließend,
genießen, Genussmensch, genoss, die Genossen
wissen, gewusst, er weiß, er wusste, Gewissen

6

machen	ich mache	du mach -st
reisen	ich reise	du rei s-t
hassen	ich hasse	du ha ss-t
mixen	ich mixe	du mi x-t
sitzen	ich sitze	du si tz-t

7 STRASSE, GRÜSSE, grüßen, FLIESSGESCHWINDIGKEIT, fraß, Grüße, MASSBAND, am größten, schließlich, Straßenbahn

Seite 27

8 du hinkst (von „hinken“), Axt, Füchse, Streiks (von „Streik“), Echse, Luchs, Häcksel (von „hacken“), Keks, Dachs, Weichsel, Wechsel, Ochse, sechs (Zahlwort)

9 Beispiellösung:

anders	Andersartigkeit, andersherum
aß	vgl. isst
aufpassen	Aufpasser, aufgepasst
außerdem	außerplanmäßig, außerirdisch
besonders	im Besonderen, Besonderheit
bis	bis hierher, bis wann, bislang
biss	Bisswunde, Bissverletzung, bissig
bloß	bloßstellen, bloßlegen, bloßliegen/bloß liegen
daraus	daraus folgern, draus
Essen	Essensgeld, Abendessen, Essensausgabe
fassen, fasst	der Gefasste, Fassung, Fassbarkeit
Fluss	Fließgeschwindigkeit, Flusslauf, Lebensfluss
fressen	gefräßig, Fressfeinde, aufgefressen
Fuß	Fußgänger, zu Fuß, Vorderfuß, fußläufig
gegessen	vgl. isst

gegossen	vgl. gießen
Geheimnis	Staatsgeheimnis, geheimnisumwittert, geheimnisvoll
gewusst	Wissensgesellschaft, gewusst wie, Grundwissen
gießen, goss	Gussform, hineingießen, Regenguss
interessant	Interesse, interessanterweise, Interessengebiet
isst	Essgeschirr, aufessen, Essteller
lässt	Auflassen, lässlich, Lässigkeit
meistens	Meistbegünstigung, das Meiste, allermeiste
musste	ein Muss, Mussbestimmung
nass	Nässe, nasskalt, durchnässt
passiert	durchpassiert, Passage, Passierschein
reißen	Riss, einreißen, durchreißen, Aufriss
saß	Gesäß, Sitz, Alterssitz
Spaß	Spaßgesellschaft, spaßig, Spaßmacher, Riesenspaß
Straße	Obere Straße, Bergstraße, Straßenführung, Straßenbau
stieß	Stoß, Stoßwaffe
vergaß	das Vergessen, unvergessen
Zeugnis	bezeugen, Abschlusszeugnis, Zeugung

Zur Übung kannst du diese Wortliste nochmals in dein Heft abschreiben oder mit möglichst vielen (allen?) Wörtern Sätze bilden. Wichtig ist: Die Sätze nur im Kopf zu bilden, hat keinen Zweck – du musst sie schon aufschreiben!

Fehler-Check

Seite 28

Eines Tages saßen zwei junge Menschen am Rande eines Waldes und aßen ihre mitgebrachten Brote. „Warum gehst du denn immer im Kreis?“, fragte der eine Junge den anderen. „Was soll ich dir sagen? Ich hatte da gestern so ein seltsames Erlebnis. Mir kamen auf der Straße zwei Hasen entgegen, so schnell, dass ich sie zunächst gar nicht als solche erkennen konnte. Ich war mit dem Auto unterwegs. Die Tiere saßen jeder auf einem Fahrrad. Ich habe noch gebremst, aber ich konnte es nicht mehr verhindern. Die Hasen und auch ich wurden gemixt.“ Das klang zwar schlimm, aber der andere Junge, der immer sehr gefräßig war, aß einfach weiter. „Hörst du mir eigentlich gar nicht zu?“ „Doch, aber – ich glaube dir kein Wort!“ Na, da hatte der Erzähler wohl zu dick aufgetragen. Eigentlich wollte er wollte er noch vom Floß aus Baumstämmen und vom Geheimnis des Flusses erzählen. Aber der andere Junge war da schon längst über alle Berge.

Lösungen

Unterscheidung das/dass

Seite 30

1. Eines Tages kam Marius an ein Haus, welches/das unbewohnt zu sein schien. Vorsichtig, aber neugierig zugleich näherte er sich und hoffte, dass wirklich niemand darin war. Da hörte er plötzlich ein Mädchen, welches/das leise weinte. Aber war es wirklich ein Mädchen, welches/das er da zu hören glaubte? Ihm war bekannt, dass es in dieser Gegend nicht mit rechten Dingen zuging. Er betrat das Haus in der Hoffnung, dass er sich entweder getäuscht und gar nichts gehört hatte oder dass das Weinen einen harmlosen Grund hatte. Und wirklich: Es war kein Gespenst, welches/das da hinter der Türe saß. Es war seine Schwester Nina. Sie hatte heimlich ihren Bruder belauscht und gehört, dass er zu seinem Freund Tim gesagt hatte, dass er zu dem Haus gehen wolle. Und nun hatte sie dort auf ihn gewartet, aber das Türschloss, welches/das schon recht verrostet war, ließ sich von innen nicht mehr öffnen. Sie saß schon eine Stunde da und gab schon fast die Hoffnung auf, dass ihr Bruder noch kommt.

Seite 31

2. Als Marius bei ihr war, sah er, dass sich hinter der Türe gar nichts Unheimliches befand. Das ist eben so, denn Gespenster gibt es nicht. Er hoffte, dass sie wenigstens etwas Interessantes finden würden. „Du wusstest doch, dass ich hierher komme. Hast du das Franz erzählt, als wir ihn gestern getroffen haben?" „Wie kommst du denn darauf?" „Na, weil er da hinten steht und nur wartet, dass wir an ihm vorbeigehen. Der will uns bloß erschrecken!"

Seite 32

3. Das Kind mit dem Luftballon heißt Franz. „Ich sehe ein Kind neben dem Karussell!", meint Theodor. „Ist es das Kind, welches du meinst?" „Ja natürlich, das ist das Kind! Siehst du auch das Heft, was es in der Hand hält? Das ist das Heft, in das es alles aufschreibt, was es sieht. Das Ziel des Kindes ist es, einmal Schriftsteller zu werden." „Das ist ja toll, das glaubt ja keiner!"

Seite 33

4. Das Fußballspiel, das wir im Stadion gesehen haben, war spannend.
Der Film, den ich gestern gesehen habe, war spannend.
Das Essen, das meine Oma gekocht hat, war wunderbar.
Das Motorrad, das in meiner Garage steht, ist ein Oldtimer.
Die Männer, die dort stehen, sind Bauarbeiter.
Der Sommer, den wir dieses Jahr haben, ist sehr warm.

Seite 34

5 Klein-Erna war ein Mädchen, dass immer gerne mit seiner Oma spielte. Dass dass so war, lag daran, das Klein-Erna fast von Geburt an bei ihrer Oma aufwuchs. Ihr Haus, dass war das ältere von beiden, stand mit dem ihrer Eltern, das war das jüngere, auf einem kleinen Gartengrundstück. Immer wenn Klein-Ernas Mutter zur Arbeit ging, brachte sie sie zur Oma, aber nie, ohne sie daran zu erinnern, dass sie sich benehmen solle und das sie mittags ein Schläfchen halten müsse. „Das machen wir schon!“, meinte dann Oma immer zu ihrer Tochter. „Wirklich?“, fragte dann Klein-Erna immer. „Klar, dass will doch deine Mutter. Und dass ist auch richtig so. Aber nur, wenn du so müde bist, das du auch schlafen kannst.

das/Relativpronomen
das/Demonstrativpr.
dass/Konjunktion
das/Relativpronomen
dass/Wiederh. Konj.
das/Demonstrativpr.
das/Demonstrativpr.
dass/Konjunktion

Fehler-Check

Seite 35

Überprüfe deine Lösung mit dem Diktat auf Seite 35.

Kapitel 4: Groß- und Kleinschreibung

Nomen und Denominalisierungen

Seite 37

1 ein bissiger Hund, deine Mutter, nach Hause, das schnelle Motorrad, der Bergsteiger, die heilige Kirche, meine Party, die drei Dutzend, dieser Fußballer, ein Libero, im Sommer, die hinteren Reihen im Klassenzimmer, gelber Stift, viele Wassertropfen an der Scheibe

2 Das Gute an unseren Abgeordneten ist, dass sie im Bundestag über all die Gesetze, die unser Leben regeln, ganz genau beraten. Die Gesetze, die in Kraft getreten sind, wurden vorher vom Bundespräsidenten unterschrieben. Allerdings hat er kein Recht zu entscheiden, ob sie Gutes oder Schlechtes, Altes oder Neues enthalten. Es ist auch unerheblich, ob er glaubt, dass das dort Geschriebene viel Unverständliches enthält. Er muss nur überlegen, ob das ihm Bekannte, also das im Gesetz Geschriebene, zu unserer Verfassung passt.

Lösungen

Die Rat suchenden Bürger können sich aber, wenn ihnen die Gesetze als ein unverständliches Etwas vorkommen, nicht an ihn wenden. Ihnen erklärt das dort Stehende dann ein Rechtsanwalt.

Seite 38

3

frei	die Freiheit
heilig	das Heiligtum
meistern	die Meisterschaft
tapfer	die Tapferkeit
rinnen	das Rinnsal
böse	die Bosheit
schicken	das Schicksal
gemein	die Gemeinheit
hindern	das Hindernis
halten	die Haltung
schwanger	die Schwangerschaft
klar	die Klarheit, die Klärung
sparsam	die Sparsamkeit
meinen	die Meinung
brauchen	das Brauchtum
drängen	die Drangsal
sauber	die Sauberkeit, die Säuberung
reizen	die Reizung
verwandt	die Verwandtschaft
finster	die Finsternis
ehrlich	die Ehrlichkeit
mühen	die Mühsal
heizen	die Heizung
irren	der Irrtum
leiden	die Leidenschaft
erlauben	die Erlaubnis
gefangen	die Gefangenschaft
reich	der Reichtum

Seite 39

4. Wenn wir anfangs immer ein bisschen aufgeregt sind, kann man das dank einer kleinen Konzentrationsübung schnell überwinden. Denn trotz unserer Aufregung will unser Körper insbesondere morgens und am Vormittag Leistung erbringen. Und seitens der Lehrer gibt es oft auch Hilfe. Sie sind uns nicht gram, wenn wir ein wenig unsicher sind. Ein paar (=wenige) von ihnen waren als Schüler bestimmt auch nicht immer entspannt, wenn sie Schulaufgaben schreiben mussten.

Seite 40

5. In den Sommerferien ist mir etwas DUMMES (G) passiert. Eigentlich wollte ich nur meinem Freund alles GUTE (G) zum Geburtstag wünschen. Um ihn zu überraschen, ging ich NACHTS (K) kurz nach BEGINN (G) des neuen Tages um MITTERNACHT (G) los. Ich wollte der erste sein, der gratuliert. Vor seinem Haus hörte ich ein KNACKEN (G) in einem Gebüsch. Ich sah auch etwas HELL (K) schimmern.
Was war das nur? Mir rutschte das Herz fast in die Hose. Ich ging näher hin.
Und da sollte auch schon etwas GESTREIFTES (G) AUFTAUCHEN (K). Ich schrie laut auf! Oben riss jemand ein Fenster auf. „Was schreist du jetzt in der NACHT (G) hier?“, rief mein Freund SCHLÄFRIG (K) herunter. „Ich wollte dir nur gratulieren, als mir UNHEIMLICHES (G) begegnete...“ Doch da erkannte ich Hugo, seine Katze, im Lichtschein des Fensters. Sie war das GESTREIFTE (K) „Monster“. Das war ja lustig! Aber mein Freund empfand das nicht so. Seine sonst übliche HEITERKEIT (G) war nicht vorhanden. „Komm in der FRÜH (G) wieder!“, schrie er herunter und knallte das Fenster zu. Pech, keine gelungene ÜBERRASCHUNG (G)!

Fehler-Check

Seite 41

Viele Verbrecher sitzen oft lange Zeit im Gefängnis. In früheren Zeiten gingen sie danach manchmal in die französische Fremdenlegion. Obwohl es ihnen dort anfangs bestimmt nicht leichtfiel, allerlei Neues zu erlernen und wenig Altbekanntes vorzufinden, gelang diesen männlichen ehemaligen Übeltätern oftmals ein Neustart. Ob ihnen die Offiziere Angst machten, weiß niemand so genau. Auf alle Fälle fiel es ihnen oft schwer, sich anzupassen. Sie waren es leid, jeden Tag auf ihre Taten angesprochen zu werden. Viele hofften auf ein Vergessen ihrer Taten, Ehrlichkeit sollte die finstere Vergangenheit ablösen. Und für manchen gab es danach kein Hindernis für ein neues Leben.

Eigennamen, feste Verbindungen und so manches andere

Seite 43

1. Speisekarte des Goldenen Ochsen
Kleiner Salat nach italienischer Art

Lösungen

Gemischter Salat mit westfälischem Schinken
Grüner Salat mit Nordsee-Krabben
Schweinebraten mit Tiroler Knödeln
Frisches ungarisches Gulasch mit Kartoffeln
Omas Königsberger Klopse
Fleischtopf mit persischen Gewürzen
Eis mit Lübecker Marzipan
Hausgemachte Linzer Torte
Kleine Schweizer Käseplatte
Wir empfehlen badische Weine, spezielle Säfte aus der Fränkischen Schweiz, französisches Mineralwasser und bestes Münchner Bier aus Bayern.

Seite 44

2 Sehr geehrter Herr Reiter,

ich freue mich sehr, dass ~~sie~~ Sie mich morgen zu sich einladen. Viele meiner Freunde schwärmten schon von den Einladungen zu ~~ihnen~~ Ihnen nach Hause. Dabei betonten sie immer, dass ~~ihr~~ Ihr Koch die besten Speisen auf den Tisch bringe, die sie jemals gegessen hätten. Ich freue mich deshalb so sehr, weil ich davon ausgehe, dass das auch wirklich stimmt. Gerne bringe ich ~~ihnen~~ Ihnen eine Flasche Wein mit. Und wenn wir dann miteinander gegessen und getrunken haben, würde ich mich freuen, wenn wir zum Du übergehen könnten. Gerne würde ich dann sagen: „Lieber Philipp, ~~Du~~ du bist der beste Gastgeber, den sich ~~Deine~~ deine Freunde nur wünschen können! Dass es dir noch lange gut gehen möge, wünsche ich ~~Dir~~ dir!" Doch so weit sind wir ja noch nicht, deshalb verbleibe ich derzeit noch mit den besten Wünschen für ~~ihr~~ Ihr Wohlbefinden

~~ihr~~ Ihr (oder doch schon ~~Dein~~ dein) Konrad

Seite 45

3 Das ist die schönste und größte Wohnung, die mir zur Miete angeboten wurde. Diese ist jeweils am Ersten des Monats fällig. Als ich mir die Wohnung ansah, spielten auf der Wiese davor viele Kinder, einige kleine spielten Fangen, die mittleren Fußball. Das Größte für mich dabei war, dass die Kinder gar nicht laut waren. „Die sind immer recht leise, weil die Alten im Seniorenheim gegenüber ihnen dafür oft ein Eis spendieren.“ Dies meinte der Vermieter. Doch ich wusste noch nicht sicher, ob ich die neue Wohnung wirklich nehmen sollte, denn die alte war eigentlich auch nicht schlecht und sie war schon so lange meine, dass ich mich gar nicht von ihr trennen wollte.

Seite 46

4 Englisch ist für mich am leichtesten zu lernen, auf alle Fälle leichter als Mathematik. Das Leichteste der Schulfächer ist aber natürlich Kunst. Doch als ich auch in diesem Fach eine Schulaufgabe schreiben sollte, erschrak ich aufs äußerste. Am Dringendsten war ich hier auf Hilfe angewiesen, denn damit hatte ich nicht gerechnet.

5 Die im Aufgabenteil genannten schwierigen Wörter sind hier nochmals in anderer Reihenfolge aufgeführt. Vergleiche mit deinen Kärtchen oder schreibe mit jedem Wort bzw. Ausdruck einen Satz in dein Übungsheft!
auf dem Trockenen sitzen – seit längerem – von nah und fern – Arm und Reich –
zum Besten geben – zum Guten wenden – durch dick und dünn –
aufs Ganze gehen – von fern – Gleich und Gleich gesellt sich gern –
Jung und Alt – über kurz oder lang –gegen bar – von neuem –
im Dunkeln tappen – ins Schwarze treffen – schwarz auf weiß –
im Trüben fischen– von weitem – im Argen liegen – auf Rot schalten

Seite 47

6 die deutschen Bahngesellschaften
das Schwarze Meer
die Olympischen Spiele
das Rote Kreuz
der Westfälische Friede
die gelbe Hütte
das Auswärtige Amt
der großartige Einsatz
die Vereinigten Staaten von Amerika
die Freie und Hansestadt Hamburg
der Schiefe Turm von Pisa
die Hamburger Straße
das Weiße Haus in Washington

die Chinesische Mauer
der italienische Wein
der Emmentaler Käse
die norddeutsche Tiefebene
der holländische Salat
das Bürgerliche Gesetzbuch
die nordafrikanischen Länder
die Schwäbische Alb
der äußere Ring
das Kap der Guten Hoffnung
der krumme Baum
der eiserne Wille
das Sternbild Großer Bär

Seite 48

7 „Karl, hat du in der Englischschulaufgabe eine Zwei oder eine Drei bekommen?" Das war Fritz sehr wichtig, denn die zwei Freunde hatten oft gleiche Noten. „Meine Mutter meinte, dass ihr Ja zu meinem Zeltlager im Juli nur gilt, wenn das Gute in meinem Zeugnis überwiegt." „Aber Fritz, die Noten, die guten wie die schlechten, die können doch nicht so wichtig sein wie das Ich, die Persönlichkeit! Wenn ich ein schlechter Mensch bin, nützen gute Noten nichts. Und im Nachhinein, wenn wir nicht mehr in der Schule, sondern Erwachsene und groß sind, ist manches jetzt Erwähnenswerte nicht mehr wichtig." Das Letztere sagte auch unsere Lehrerin, die alles mit angehört hatte und sie hatte r/Recht damit.

Seite 49

Fehler-Check

Denke daran: Es zählen alle Fehler, nicht nur die bei der Groß- und Kleinschreibung gemachten! Wenn dir noch zu viele Fehler unterlaufen sind: Gehe den Text jetzt und heute Abend (also zwei Mal im Abstand von mindestens zwei Stunden) nochmals genau (Wort für Wort) durch und schreibe ihn morgen noch einmal als Laufdiktat!

Überprüfe deine Lösung mit dem Diktattext auf Seite 49.

Kapitel 5: Getrennt- und Zusammenschreibung

Verben und Verbindungen mit Verben

Seite 51

1 WIR|WOLLEN|FROH|SEIN|,DASS|WIR|LESEN|LERNEN|UND|AUCH|KLAVIER|SPIEL EN|DÜRFEN|.WENN|WIR|LAUT|SINGEN|UND|UNSERE|HAUSAUFGABEN|SAUBE R|SCHREIBEN,WERDEN|WIR|VON|UNSEREN|LEHRERN|NICHT|KRITISCH|BEÄU GT|.WIR|WERDEN|DANN|NICHT|ALLEIN|SEIN|UND|UNS|WIRD|KEIN|BÖSES|WORT| GESAGT|WERDEN|.SOGAR|DAS|MUSIKHÖREN|IM|SCHULHAUS|WIRD|ERLAUB T|WERDEN|UND|DER|DIREKTOR|WIRD|IMMER|FREUNDLICH|UND|AUFMERKSA M|LÄCHELN.

Wir wollen froh sein, dass wir lesen lernen und auch Klavier spielen dürfen. Wenn wir laut singen und unsere Hausaufgaben sauber schreiben, werden wir von unseren Lehrern nicht kritisch beäugt. Wir werden dann nicht allein sein und uns wird kein böses Wort gesagt werden. Sogar das Musikhören im Schulhaus wird erlaubt werden und der Direktor wird immer freundlich und aufmerksam lächeln.

Seite 52

❷ Wenn ihr frei sprecht, ist eure Rede überzeugend.
Wir wollen unser Geld zusammenhalten.
Kann ich auch so gut schreiben wie Goethe?
Der Tenor Pavarotti hat immer hervorragend gesungen.
Ich möchte Klavier spielen / (das) Klavierspielen lernen, da mir Musik gefällt.
Vor Gericht sollen Unschuldige freigesprochen werden.
Der Gärtner ist der Profi für das Großziehen von Pflanzen.
Schlechtes Wetter – das soll vorübergehen.
Mario wird ermordet, so wird dieser Mafioso kaltgestellt.
Der Kühlschrank wird kalt gestellt.
Die teilnehmenden Sportler bekommen eine Auszeichnung.
Das Geld wird auf deinem Konto gutgeschrieben.
Manche Busfahrgäste fahren schwarz.
Eheleute gehen bei einer Scheidung auseinander.

Seite 53

❸ Die folgenden Beispiele sollen dir nur als Anregung dienen, da es viele richtige Möglichkeiten gibt. Achte aber beim Vergleich mit deinen Lösungen auf den jeweils unterschiedlichen Sinn der Sätze!
preisgeben – einen Preis geben:
Die Armee darf sich nicht zurückziehen und das Land nicht preisgeben.
Der Vereinspräsident gibt Mario einen Preis für seine großen Leistungen.
maßhalten – das rechte Maß halten:
Wir müssen beim Essen besser maßhalten (= sich einschränken), wir werden sonst zu dick.
Das rechte Maß halten (= sich an Regeln halten) wir beim Hausbau immer ein!
feststellen – fest stellen:
Du musst die Bremse ganz feststellen (= anziehen), sonst rollt das Auto weg.
Du musst den Topf fest auf dem Boden stellen, dann zerspringt er!
auf Nummer Sicher gehen – sichergehen – sicher gehen:
Du musst auf Nummer sicher gehen (ugs. nichts tun, ohne dich abzusichern), wenn du eine Bank überfällst und nur mit Profis arbeiten!
Im Gebirge musst du sichergehen, dass du eine gute Ausrüstung hast!
Willst du sicher gehen, brauchst du gute Schuhe!
flottmachen – flott machen:
Wir wollen das Auto wieder flottmachen!
Lass uns unsere Arbeit flott machen, dann gehen wir etwas trinken!

wiedergeben – wieder geben:
Zeugen sollen bei Gericht das wiedergeben, was sie gehört haben.
Du musst mir das geliehene Buch aber wieder geben!
zusammentragen – zusammen tragen:
Der Nachrichtendienst wird alles zusammentragen, was man über den Sachverhalt weiß.
Die Kiste ist für einen zu schwer, lass sie uns zusammen tragen!

Seite 54

Fehler-Check

Der Lehrer sagte, diese beiden Worte muss man zusammenschreiben. Das wird uns nicht schwerfallen. Doch Karl kann's nicht. Er hat Angst vor dem Sitzenbleiben. „Wenn ich sitzen bleibe/sitzenbleibe, kann ich nicht so schnell vorwärtskommen. Sicher werde ich mit meiner Mutter aneinandergeraten. Hoffentlich geht es mit meiner Freundin nicht auseinander. Wenn unsere Liebe groß ist, wird alles gut werden." „Lade sie doch ein, ihr solltet essen gehen, dann könnt ihr miteinander sprechen und alles infrage/in Frage stellen, was zuhause/zu Hause ist, und überlegen, was zu tun ist, wenn dich dein Vater maßregelt."
„Das ist gut, aber Papa hat Verständnis. Der hat mich lieb."

Nomen, Adjektive und andere Wortarten

Seite 56

1 Nachfolgend findest du ein Lösungsbeispiel. Du kannst durchaus ganz andere Sätze gebildet haben, die genauso richtig sind. Gerne kannst du deine Lösung mit der hier abgedruckten vergleichen. Wenn du noch mehr üben willst, lasse dir das hier Stehende diktieren oder schreibe es nochmals als Laufdiktat ab.

Inmitten all des Trubels wollen wir doch allezeit daran denken, dass wir Geld beiseitelegen müssen, um beizeiten reich zu sein. Derweil müssen wir eben ein bisschen sparen, manches Mal lieber zu Fuß gehen, (an)statt dass man mit dem Auto fährt. Zur Zeit Goethes ging das ja auch, zurzeit allerdings könnte man manchmal denken, die Menschen haben ihre Füße nur der Ehre halber, nicht um damit zu gehen. In bekannter Weise könnten wir alle nicht nur eine kurze Zeit lang, sondern bisweilen ganztags auf den Beinen sein. Das nächste Mal wird es dann gar nicht mehr so anstrengend wie das erste Mal – und ohne dass es einen umwirft. So einmal trainiert, werden wir auch nicht zu Schaden kommen, wenn wir – zumindest zu Lande – einem anderen ohne Auto zu Hilfe kommen müssen. Außer dass wir einen Muskelkater bekommen, schieben wir alles andere Belastende beiseite. Erstmals werden wir unseren Körper in gar nicht bekannter Form erleben. Das ist für viele gar sehr überraschend. Gar keinen Muskelkater verspürt gar wohl nur der Sportler. So etwas sollte jeder so schnell wie möglich spüren. Wie schön das ist, erkennt soeben auch mein Nachbar. Zu kurz hatte er bisher trainiert, zumindest nach meiner Meinung. Aber seit wir uns jeden Abend am Sportplatz verabreden, sage ich danach immer bewusst „Auf Wiedersehen!“ zu ihm.

2 Urlaub + Abenteuer, Schönheit, Wellness, Erholung, Liebe Seite 57
Abenteuerurlaub, Urlaubsabenteuer, Urlaubsschönheit, Schönheitsurlaub, Wellnessurlaub, Erholungsurlaub, Urlaubserholung, Liebesurlaub, Urlaubsliebe, + z. B. Urlaubsort, Urlaubsquartier

Anzug + Training, Haus, Männer, Sport, Schlaf
Trainingsanzug, Hausanzug, Männeranzug, Sportanzug, Schlafanzug, + z. B. Anzugschneider, Abendanzug

Braten + Hase, Rind, Schwein, Lamm, Hack
Hasenbraten, Rinderbraten, Rindsbraten, Schweinebraten, Schweinsbraten, Lammbraten, Hackbraten, + z. B. Bratensoße, Bratentopf

3 der x-te, zum x-ten Mal, die n-te Potenz, aber: abclich, ÖVPler; der 68er, 100%ig Seite 58
Regel: Bei Zusammensetzungen mit Nachsilben steht nur dann ein Bindestrich, wenn vorher nur ein Einzelbuchstabe kommt. Stehen mehrere Buchstaben oder auch Zahlen, setzt man keinen Bindestrich.
Aber: Setzt man Ziffern mit ganzen Wörtern zusammen, schreibt man einen Bindestrich: 100-prozentig, 4-mal
das Entweder-oder, das Teils-teils, das Als-ob
Regel: Bei Aneinanderreihungen von mehreren Wörtern setzt man einen Bindestrich.
das Auf-die-lange-Bank-Schieben, das An-den-Haaren-Herbeiziehen
Regel: Ein Sonderfall liegt dann vor, wenn Zusammensetzungen mit Infinitiven erfolgen. Meist schreibt man diese ohne Bindestrich zusammen (z.B. Motorradfahren). Würden diese ‚Wortgebilde‘ aber zu unübersichtlich werden, schreibt man die Einzelworte mit Bindestrich.
Hoch-Zeit ↔ Hochzeit, Nach-Denken ↔ Nachdenken, Vor-Sätze ↔ Vorsätze, Arbeiter-Unfallversicherungsgesetz ↔ Arbeiterunfallversicherungsgesetz, Drucker-Zeugnis ↔ Druck-Erzeugnis ↔ Druckerzeugnis

Regel: Wollen wir einzelne Bestandteile von zusammengesetzten Wörtern besonders hervorheben, um Verwechslungen z. B. mit anderen bekannten Zusammensetzungen (Hochzeit i. S. v. Heiratsfest ↔ Hoch-Zeit i. S. v. Blütezeit z. B. einer Epoche) zu vermeiden oder um besondere Bedeutungsabgrenzungen (Arbeiter-Unfallversicherung ↔ Angestellten-Unfallversicherung) vorzunehmen, können wir eine Abgrenzung mit Bindestrich verwenden.

4 Hamburger Hafen, Berg- und Talfahrt, das In-den-Tag-Hineinträumen, Joseph-Maria-Lutz-Straße, Hawaii-Inseln, Lange Gasse, Abend-Make-up, Baden-Württemberg, New Yorker Bürgermeister

Seite 59

5 -dings: allerdings, neuerdings
-falls: andernfalls, schlimmstenfalls
-mal: diesmal, keinmal
-maßen: dermaßen, zugegebenermaßen
-orts: allerorts, mancherorts
-so: ebenso, sowieso
-teils: einesteils, meistenteils
-wegs: geradewegs, keineswegs
-weise: probeweise, klugerweise

Beispiele für das im ‚Tipp' angeregte Weiterarbeiten:
ehrenhalber, allerorten, allseits, seitwärts, meinetwegen, derweil, bisweilen, derzeit, vorzeiten, geradezu

Seite 60

6 so weich wie Butter — butterweich
so breit wie ein Finger — fingerbreit
strahlend vor Freude — freudestrahlend
rot wie Feuer — feuerrot
zu Faul zum Denken — denkfaul
durch Alter schwach — altersschwach
wirksam für die Werbung — werbewirksam
nass, dass es tropft — tropfnass

Seite 61

Fehler-Check

Überprüfe deine Lösung mit dem Text auf Seite 61.
Hinweis: Verbindungen von ‚selbst' mit einem adjektivisch gebrauchten Partizip kann man getrennt oder zusammenschreiben: selbstgestrickt oder selbst gestrickt.

Kapitel 6: Fremdwörter

Seite 63

1 Englisch: -ea-, -ing, -ity, oo, -y:
cool, Party, Reality, Hearing, Reader, Looping, Camping, Hobby, Dissing, Community
Französisch: -age, -é, -eau, -eur, -euse, -oi
Toilette, Garage, Amateur, Niveau, Masseuse, Café, Soiree, Tableau, Varieté, Installateur, Blamage
Griechisch: -ik, ph, rh-, th, -y-, -logi, -nomie
Athlet, Logik, Rhythmus, euphorisch, Astronomie, Pathos, Astrologie, Atmosphäre, Ergonomie, Hymne, Psychologie, Rhabarber, Optik, Technologie, Theater, Philosophie, Ökonomie
Lateinisch: -ent, -ieren, -ismus, -iv, kom-, konter-, -tion
Kompanie, Gratulation, agieren, kompatibel, Realismus, kursiv, Konter(fußball), reagieren, Lektion, Präsident, Reaktion, Student, Kommunismus, aktiv, Fatalismus, Komponieren, Konterfei
Italienisch: gh, -cch-, -zz-
Spaghetti, Pizza, Zucchini, Ghetto, Skizze, Pinocchio, Joghurt
Hast du alle Wörter im Lexikon nachgeschlagen? Sicher hast du gemerkt, dass man insbesondere Wörter, die aus dem Italienischen kommen und mit -gh- geschrieben werden, inzwischen auch eingedeutscht nur mit -g- schreiben kann. Oben aufgeführte Schreibweisen sind aber die (noch) üblicheren! Beachte dazu auch die nächste Aufgabe!

Seite 65

2 Alte Schreibweise/Eingedeutschte Schreibweise
charmant/scharmant; potentiell/potenziell; Joghurt/Jogurt; Hämorrhoiden/Hämorriden; Panther/Panter; Mayonnaise/Majonäse; Ski/Schi; polyphon/polyfon; substantiell/substanziell; Thunfisch/Tunfisch; Myrrhe/Myrre; Ghetto/Getto; Geographie/Geografie; Wagon/Waggon; Saxophon/Saxofon; Katarrh/Katarr; Delphin/Delfin

Seite 66

3 Nachfolgend findest du ein Lösungsbeispiel. Du kannst durchaus ganz andere Sätze gebildet haben, die genauso richtig sind. Gerne kannst du deine Lösung mit der hier abgedruckten vergleichen. Wenn du noch mehr üben willst, lasse dir das hier Stehende doch diktieren oder schreibe es nochmals als Laufdiktat ab!

Lösungen

Der Delegierte des Präsidenten der Vereinigten Planetenstaaten sympathisierte regelrecht euphorisch mit dem Kommissar der Weltunion. Der Mythos einer gestörten Atmosphäre war einer innigen Harmonie gewichen. Ob die Message dieses Treffens eine Reaktion auf die Hektik der vergangenen Tage war, ist egal. Das Ideal einer unverbrüchlichen futuristischen Bundesbruderschaft leitet eine neue Phase der Beziehungen beider Planeten ein. Das ist wahrlich eine Massage für die Seelen der Bürger, ein Update in Richtung immerwährenden Friedens. Nie mehr wollen beide auf Distanz gehen!

Seite 68

Fehler-Check

Rot sind die Wörter richtig geschrieben, die du im Text als fehlerhaft durchstreichen und korrigieren solltest.

Das Recyceln von wertvollen Abfällen wurde in Deutschland zum System erhoben. Dabei sammeln die Bürger den Müll fast wie im Akkord. Während die sonstige Industrie in der Krise steckt, funktioniert es bei der Mülltrennung wie bei einer guten Maschine. Entweder trennen die Menschen ihren Abfall gleich und bringen ihn zu speziell aufgestellten Containern oder der Müll wird in einem gelben Sack oder einer gelben Tonne von daheim abgeholt. In der Müllverwertungsanlage wird dieses Konglomerat dann von Fachleuten oder maschinell getrennt. Oft kommen im Minutenrhythmus die Müllfahrzeuge an und bringen neue Abfälle. Nur noch wenige Menschen diskutieren bei uns die Nutzung der Wertstoffe. Fast jeder empfindet Sympathie für den Gedanken, dass man mit Wegwerfen fast schon Gutes tut. Früher war das nur Theorie, heute ist es gängige Praxis. Und wenn jemand seine Wertstoffe einfach in die Restmülltonne wirft, haben die Müllwerker eine perfekte Therapie: Sie leeren einfach die Tonne nicht. In manchen Gegenden ist das schon eine Blamage vor den Nachbarn. Besonders dann, wenn die anderen schon regelrechte Mülltrennungsfreaks geworden sind!

Schreibe doch diesen Text nochmals als Laufdiktat oder lasse ihn dir diktieren – so wirst du immer sicherer und damit besser!

Kapitel 7: Worttrennung

Seite 70

1 ar-me/Ar-me, Welt, Bett-tuch, Diens-tag, Be-sit-zer, Schu-le, Not-lö-sung, Mee-res-tie-re, Schwes-ter, Mut-ter, glück-lich, Ar-beits-tag, Spie-gel, Ra-dio, Son-ne, Fens-ter, mor-gen/Mor-gen, Wind, Zehn-tel, Bür-ger-meis-ter, arm/Arm, jüngs-ter/

Jüngs-ter, Ar-mee, Be-son-de-res, Nach-rich-ten, klas-se/Klas-se, Hans, Ding-wör-ter, Buch-sta-be, Jahr-bü-cher (ch wird nicht getrennt, da es als ein Lautzeichen gilt), be-son-ders

Seite 71

2 Ufer, oder, Ahorn, Alarm, Esel, die, und, Wald, Bio(tonne), Land, Ehe, Treue, Igel, aber, Boa, Bär, Ekel, Wurst(ende), Oboe, Aal, Ofen, Idee, Lied, Adel, Eber, eben, Ober(stufe)

3 At-trak-tion, kom-plett, Pro-gramm, Des-in-ter-es-se/Des-in-te-res-se, auf-es-sen, Be-treu-ung, Ver-gnü-gen, Trans-ak-tion, Frak-tions-aus-schuss

Seite 72

4 Brü|cke, Deut|sche, na|iv, Häu|ser,
ei|nig, Rock|rhyth|mus, Toi|let|te,
Reue, Trau|ung, heu|er, wa|schen,
Myr|rhe, Ma|the|ma|tik, Phi|lo|so|phie,
Hain|bu|che, Rau|chen, Ka|the|der,
Rie|se, Zu|cker, ka|tho|lisch, Au|tist,
Zwi|ckau, Wie|se, Mäu|se, Broi|ler

Fehler-Check

Seite 73

Aschenbe-cher, Stra-pazen, ~~Schulh-of~~ Schul-hof, Er-de, ~~Ka-sten~~ Kas-ten, ~~Anal-pha-bet~~ (diese Trennung ist zwar richtig, sollte aber vermieden werden) An-alpha-bet, über-listen, ~~A-sche~~ Asche, ~~sitz-en~~ sit-zen, Gerichts-hof, Brü-ckenbauer, Verge-bung, Sprecher-ziehung (richtig, besser wäre Sprecherziehung, weil nicht miss-verständlich), Leidens-gefährtin, Über-sicht, Un-sinn, Kanari-envogel, ver-edeln, ~~schuld-en~~ schul-den, Schreibma-schine, Kalen-der, ~~Fas-hion~~ Fa-shion, Drucke-rei, Maul-esel, verros-tet, Erschei-nung, ~~Re-chner~~ Rech-ner, Beam-ter, Rös-chen, Was-ser, Schwei-gen, ~~selb-stständig~~ selbst-ständig, ~~A-berglaube~~ Aber-glaube, Va-ter, Schwes-ter, ~~ober-ste~~ obers-te, Biblio-thek, ~~A-del~~ Adel, ~~Reih-e~~ Rei-he, Ru-te, Tem-pel, ~~Mä-nner~~ Män-ner, ~~Klei-esuppe~~ Kleie-suppe, Atom-kraft, ~~Uh-u~~ Uhu, Ho-se, Bäu-me, ~~Rac-he~~ Ra-che, Düssel-dorf, ~~As-che~~ Asche, Zeichen-brett, Rö-hre, ~~Wach-stafel~~ Wachs-tafel, gol-den, Re-bensaft, Ur-laubszeit, Schulunter-richt, leug-nen, El-tern, ~~Ko-mma~~ Kom-ma, Tren-nung, Tri-fokalbrille, erns-te

Kapitel 8: Zeichensetzung

Das Komma

Seite 75

1 Karl wurde immer wieder von seiner Mutter gefragt | sie bedrängte ihn geradezu | sie redete auf ihn wie auf einen kranken Hund ein. Er wollte aber nicht nach England | Irland oder Australien fliegen. Seine Mutter dachte | dass ein Schüleraustausch ihm bei seinen Englischkenntnissen helfen könnte | dass er selbstständiger wird und dass er sich insgesamt einfach entwickelt. Um all diese Dinge ging es in ihren Gesprächen. Sie beredeten viele Sachen in diesem Zusammenhang | wichtige Einzelheiten zu Schule und Leben. In diesen langen und intensiven Gesprächen zwischen Mutter und Kind ging es aber dann plötzlich nicht mehr nur um Schulisches oder die Kenntnisse in der Fremdsprache Englisch. Zwischen den beiden ging es dann um Zwischenmenschliches und sie besprachen ihr ganzes Verhältnis zueinander. Nach einigen Tagen kamen sie sich wieder richtig nahe und am Ende wollte Karl dann nach England. Seine Mutter war überglücklich und dankbar für diesen Sinneswandel | aber noch mehr freute sie ihre nun wieder gute Beziehung zueinander.

Seite 77

2 Die sieben Zwerge sahen auf Schneewittchen (|) und sie beobachteten sie genau. Das Mädchen hatte den Apfel der bösen Frau gegessen | obwohl sie sie gewarnt hatten. Diese war aber schon wieder hinter den sieben Bergen verschwunden und (Es folgt ein unvollständiger zweiter Hauptsatz, deshalb darf kein Komma stehen!) freute sich über das Missgeschick des Mädchens. Jetzt mussten die netten Zwerge aber schnell handeln.

3 Thomas | der gerne Pizza isst | hoffte sehr | dass er zum Geburtstag einen Gutschein für die Pizzeria bekommt. Obwohl Onkel Franz ihm das nicht versprochen hatte | glaubte er fest an dieses Geschenk. Onkel Franz | der neben Onkel Knut sein Lieblingsonkel ist | hat immer ein besonderes Gespür für das | was sich Thomas wünscht. Aber diesmal schien es so | als ob sich sein Traum nicht erfüllt. Onkel Franz betrat den Raum | trug ein Paket herein und meinte nur: „Das wird dir gefallen!“ Thomas nahm das Paket | es war schwer und sah so gar nicht nach einem Gutschein aus. Er fragte sich | was da wohl drin ist. Die Neugier trieb ihn trotz seiner leichten Enttäuschung. Schnell öffnete er die Schachtel. Pizzateller waren es (|) und die freuten ihn

auch – wenn auch nicht so sehr wie ein Essensgutschein. Als er sie sich genau angeschaut hatte | brüllte er plötzlich vor Freude los. Auf dem ersten Teller klebte ein Zettel mit einem Pizzarezept zum Selbermachen | aber auf dem zweiten Teller klebte auch ein Zettel: Das war der ersehnte Gutschein für die Pizzeria Da Tino. „Da gehen wir gemeinsam hin | wenn du mich jetzt überhaupt noch mitnimmst | Thomas!" „Aber klar | Onkel Franz!" Und mit diesen Worten waren beide auch schon unterwegs in Richtung Da Tino | wo sie der Chef persönlich in Empfang nahm und wo sie sich immer so wohl fühlten | wenn sie beim Essen beisammen saßen.

4 Anna treibt gerne Sport | besonders Jogging und Tennis. Dies macht sie | um schlank zu bleiben. Eines Tages | es war mitten im Sommer | wollte sie noch einmal kurz in den Wald. Sie rannte los | ohne zu bedenken ein Handy mitzunehmen. Normalerweise liebte sie es | ihr Handy überall dabeizuhaben. Tina | ihre beste Freundin | hatte auch immer eines dabei. Oft telefonierten die Freundinnen dann von unterwegs miteinander. Anstatt aber das Handy einzustecken | nahm Anna aus Versehen den Schlüsselbund ihrer Mutter mit. Statt telefonieren zu können | hätte sie jetzt das Haus mit zwei Schlüsseln | mit ihrem und dem ihrer Mutter | aufsperren können. Nur was sollte ihr das bei einem Unfall nützen? Und kurz nach Beginn des Waldes geschah es auch schon: Anna stürzte. Den Plan aufzustehen konnte sie vergessen. Sie hatte sich den Knöchel verstaucht. Lange zu warten | das hasste Anna. Aber ihr blieb nichts anderes übrig | als auf Hilfe zu hoffen. Und da kam auch schon Tina | um nach ihr zu suchen. „Ich kann doch nicht | ohne mit dir zu telefonieren | überleben. Von deiner Mutter wusste ich von deinem Joggen. Ohne einen Moment zu zögern (|) ging ich los dich zu suchen." Anna und Tina hatten es nie bereut | sich miteinander angefreundet zu haben. Ihre Freundschaft war ihnen wichtiger (|) als mit anderen zu quatschen. Und diesmal hat sie Anna ja auch fast das Leben gerettet …

Seite 79

L

Lösungen

Seite 81

Fehler-Check

Entweder legte sich der Sturm oder das Schiff konnte nicht ausfahren. Kapitän Hansen war sehr ungehalten, dass ihm das immer dann passierte, wenn jemand von der Reederei an Bord war. Statt es einfach hinzunehmen, beschwerten sich die Mitglieder der Reederfamilie nämlich über jede Kleinigkeit. Ole Jannsen, der Sohn des Reeders, war diesmal mit seiner Familie an Bord. Es sollte eine schöne Überfahrt werden, ein geruhsamer Urlaub war vorgesehen. Doch das war die Höhe! Anstatt pünktlich um neun Uhr abzulegen, lagen sie um elf Uhr immer noch vertäut im Hafen. Das Schiff, das erst vor zwei Jahren gebaut worden war und das das schönste Segelschiff der Welt sein sollte, zumindest sagte das Kapitän Hansen, schaukelte im Hafen hin und her. Unfähig diesen Sachverhalt als solchen anzuerkennen, kam Ole Jannsen zu Hansen dem Kapitän auf die Brücke. „Fahren Sie endlich los, Sie Heini!“ Hansen rührte das nicht, denn er war viel zu erfahren, als dass er sich von Jannsen reizen ließ. „Wollen Sie, dass Ihr schönes Schiff beim Auslaufen an die Hafenmauer gedrückt und beschädigt wird? Das können Sie haben!“ Da wurde es Ole Jannsen mulmig, denn er hatte Angst vor eventuellen Vorwürfen seines Vaters. „Nein, entscheiden Sie, Sie sind der Kapitän!“

Apostroph und Anführungszeichen

Seite 83

1 „Das war wohl nichts!“, meinte Frau Fischer zu Marion. Und wirklich: Ihr ‚Trampolinsprung‘ (oder: „Trampolinsprung“) war eigentlich gar keiner. Bevor sie losrannte, brüllte sie: „Ich habe Angst!“ Und was passierte? Sie sprang doch tatsächlich neben das Trampolin. Unter der Überschrift ‚Das war wohl nichts‘ (oder: „Das war wohl nichts“) veröffentlichte die Schülerzeitung ‚Tüte‘ (oder: „Tüte“) dann zwei Wochen später einen lustigen Artikel darüber. „Warst du das?“, fragte Marion Eva, ihre beste Freundin. „Nein, ich schreibe zwar für die ‚Tüte‘ (oder: „Tüte“), aber das war Frau Fischer.“ Marion war verwundert, lachte aber dann mit Eva doch über den witzigen Artikel, in dem sie ja auch nicht namentlich genannt wurde. Frau Fischer bzw. der ‚Tüte‘ (oder: „Tüte“) aber schrieben sie einen ausführlichen und wohlwollenden Leserbrief.

Wichtig: Entscheidest du dich dafür, Hervorzuhebendes im Text nur mit einfachem (‚...‘) statt mit doppeltem („...“) Anführungszeichen hervorzuheben, solltest du das den ganzen Text über einheitlich durchhalten.

Seite 84

2 Andreas → Andreas' Haus	Haus des Andreas
Carlos → Carlos' Schwester	Schwester des/von Carlos
Ines → Ines' Topf	Topf der/von Ines
Felix → Felix' Haare	Haare des/von Felix
Cannes → Cannes' Filmfestspiele	Filmfestspiele in/von Cannes
Giraudoux → Giraudoux' Bücher	Bücher des/von Giraudoux

Fehler-Check

Seite 85

Der Geburtstag unseres lieben Heinz' ist immer	
ein besonderes Fest. „Alles Liebe für dich!“ singen	dich!“, singen
dann immer alle. “Das ist aber schön,“ , sagte Heinz,„	„Das ist / „ in nächste Zeile
dass ihr alle da seid!'. Auch Heinz Schwester war	„dass / da seid!“
aus Amerika gekommen. „Sogar die “New York	„New
Times“ hat über dich berichtet: 'Heinz in aller	‚Heinz
Munde'!“ „Aber Marion, da ist doch der Ketschup-	Munde‘!“
Erfinder gemeint, nicht ich.“ antwortete Heinz.	nicht ich“, antwortete
Alle lachten, dann stießen sie mit einem schönen	
Glas Bordeaux' an. „ ‚Bordeaux ist mir lieber als	kein Apostroph / ‚Bordeaux‘
‚Chardonnay'!“ „Aber Heinzi, wenn du zu viel Wein	‚Chardonnay‘
trinkst, ist es egal, ob es Rot- oder Weißwein ist.	
Zu viel Wein und du weinst! Marion liebte solche	weinst!“
Wortspiele.	

Binde-, Gedanken und Ergänzungsstrich

Seite 87

1 bergauf und ab — B G (E) K

bergauf und -ab

C Moll Tonleiter — (B) G E K

C-Moll-Tonleiter

Wir gingen ins Haus ein kleines Gebäude und aßen. — B (G) E K

Wir gingen ins Haus – ein kleines Gebäude – und aßen.

Woll und Baumwollgewebe — B G (E) K

Woll- und Baumwollgewebe

in einer 25er Gruppe — (B) G E K

in einer 25er-Gruppe

Druck E/er Z/zeugnis — (B) G E (K)

Drucker-Zeugnis / Druckerzeugnis = Druck-Erzeugnis

fertig und zuwege bringen B G E (K)
fertig und zuwege bringen
zuwege und fertigbringen (B) G E K
zuwege- und fertigbringen
Friedrich von Schiller Straße (B) G E K
Friedrich-von-Schiller-Straße

Seite 88

Fehler-Check

Denke daran: Es zählen alle Fehler, nicht nur die bei der Getrennt- und Zusammenschreibung gemachten! Wenn dir noch zu viele Fehler unterlaufen sind: Gehe den Text jetzt und heute Abend (also zwei Mal im Abstand von mindestens zwei Stunden) nochmals genau (Wort für Wort) durch und schreibe ihn morgen noch einmal als Laufdiktat!

Überprüfe deine Lösung mit dem Diktat auf Seite 88.

Kapitel 9: Fehlervermeidung

Seite 90

1 a) manchmal gar nicht, manchmal durch nachgestelltes h, z. T. durch Verdopplung, manchmal durch nachgestelltes e
b) i
c) wieder
d) ie
e) aa, ee, oo
f) Verdopplung des nachfolgenden Konsonanten
g) bei ck, bei tz, bei lk, bei rk, bei -nis
h) s
i) nach Diphtong, nach Langvokal
j) Wenn es durch jenes/welches ersetzt werden kann.
k) Eine Konjunktion, Einleitung eines Nebensatzes
l) voranstehender Artikel, Suffixe wie -keit, -schaft, voranstehendes Adjektiv (wenn es dekliniert ist)
m) groß.
n) werden.
o) klein oder groß.
p) groß.

q) dem „Sie“.
r) Ableitungen auf -er und Bestandteile von Eigennamen.
s) Verbindungen mit „sein“, Verbindungen mit Infinitiv
t) Nomen + Nomen, Nomen + Adjektiv, Adjektiv + Adjektiv
u) Richtig geschrieben ist:
   Lange Gasse, Bert-Brecht-Straße
v) Vokallänge ist oft nicht gekennzeichnet. Bestimmte Schreibweisen sind typisch und lernbar.
w) einzelne Vokale am Wortanfang abzutrennen.
x) Nebensätze vom Hauptsatz. Aufzählungen ohne „und“.
y) Man kann sie grundsätzlich mit Komma abtrennen.
   Es gelten bestimmte Regeln, z. B. muss bei „um“ oder wenn es ein Bezugswort gibt, ein Komma gesetzt werden.
z) am Anfang unten, am Ende oben.
   Nur in besonderen Fällen, nicht aber bei wörtlicher Rede:
   wahlweise mit einem oder zwei Strichlein.

Seite 93

2 Eines Tages versank der alte Grahf im	Graf
Mohr als er auf Rebhuhnjagd war. “Liebe	Moor, „Liebe
Erben“, stand in seinem Testament, „ihr	
seid mir zutiefst zuwieder – am liebsten	zuwider
würde ich euch übers Knieh legen! Ihr	Knie
wollt nur mein Erbe! Aber stop! Gudrun,	stopp
du Zikke du hezt immer alle auf! Sabine,	Zicke, hetzt
du vermeintliche Ssonne – ausser einer	Sonne außer
großen Klappe hast du keine guten Eige-	Eigen-schaften
nschaften. Max, die rechtschaffenheit ist	Rechtschaffenheit
kein Kennzeichen von dir! Das große an	Große
Dir ist nur dein Bauch! Wird dir da nicht	dir
Angst? Und sie, Herr Meier, mein lieber	angst Sie
Diener, Sie Schottischer Tölpel, sie wollen	schottischer Sie
immer essengehen, die gold gelben Tisch-	essen gehen goldgelben
decken in der Pizzeria in der Goethe-Stra-	
ße haben es ihnen angetan. Dabei ist das	
alles nur Fysik - die Lampen sind so ein-	Physik –

stellt, das es so aussieht. Ich hoffe um
an's Ende zu kommen, das ich euch
Nutzniesser meines Erbe's nun vergesse."

dass hoffe, um
ans kommen, dass
Nutznießer Erbes

Seite 94

3 Hier kannst du die Lösungen wieder unterschiedlich formulieren. Wenn du dir unsicher bist, lies in dem jeweiligen Kapiteln nach. Folgende Beispiellösung soll dir nur als Anhaltspunkt zum Vergleich mit deiner Lösung dienen:

a) Für die Trennung von mehreren Hauptsätzen gilt:
Hauptsatzreihen, auch Parataxen genannt, werden mit Komma abgetrennt, wenn keine verbindende Konjunktion wie ‚und' steht. Möchte ich die Satzstruktur aber deutlicher machen, kann ich trotz einer verbindenden Konjunktion ein Komma setzen.

b) Für die Trennung von Haupt- und Nebensätzen gilt:
Haupt- und Nebensatzgefüge (Hypotaxen) werden durch Komma getrennt. Dies gilt immer, egal ob der Nebensatz vorangestellt oder nachgestellt ist. Ist der Nebensatz in den Hauptsatz eingeschoben, wird vor und nach dem Nebensatz ein Komma gemacht. Sind zwei gleichrangige Nebensätze durch z. B. ‚und' verbunden, wird an dieser Stelle kein Komma gesetzt. Ist aber der zweite Nebensatz nicht vom Hauptsatz abhängig, sondern vom Nebensatz (dann steht auch kein ‚und' o. Ä. dazwischen), dann setzt man wieder ein Komma.

c) Für erweiterte Infinitive und Partizipien gilt:
Will ich erweiterte Infinitive und Partizipien im Satzbau deutlich kennzeichnen, kann ich jederzeit ein Komma setzen. Oftmals muss ich es aber nicht. An manchen Stellen ist ein Komma aber unbedingt nötig: Erweiterte Infinitive muss man abtrennen, wenn sie mit ‚als', ‚anstatt', ‚außer', ‚ohne', ‚statt' oder ‚um' eingeleitet werden, von einem Substantiv abhängen oder mit einem hinweisenden Wort angekündigt werden. Erweiterte Partizipien werden abgetrennt, wenn sie mit einem hinweisenden Wort angekündigt werden oder wenn sie als einem Substantiv (bzw. Pronomen) nachgestellte Zusätze gelten.

d) Für Aufzählungen gilt:
Steht zwischen den aufgezählten Wörtern oder den gereihten Satzteilen/Sätzen keine verbindende Konjunktion wie ‚und' oder ‚oder', setze ich Kommas. Steht aber eine solche Konjunktion (oft zwischen dem vorletzten und letzten Element), setze ich kein Komma.

e) Für wörtliche Reden gilt:
Wörtliche Reden werden mit doppelten Anführungszeichen (am Beginn unten, am Ende oben) abgetrennt. Anführungen innerhalb der wörtlichen Reden werden durch einfache Anführungszeichen gekennzeichnet. Satzschlusszeichen stehen innerhalb der Anführung. Folgt ein Redebegleitsatz, entfällt ein Schlusspunkt (bzw. ein Komma) innerhalb der Anführung, dafür steht ein Komma zwischen wörtlicher Rede und Redebegleitsatz. Steht der Redebegleitsatz vor der wörtlichen Rede, steht an dessen Ende ein Doppelpunkt.

f) Für Apostrophe gilt:
Im Deutschen gibt es in der Regel keinen Genitiv-Apostroph. Apostrophe werden aber verwendet, wenn bei einem Wort ein Buchstabe ausfällt. Das gilt aber nicht für gängige Verkürzungen wie z. B. für ‚ins'. Man kann einen Apostroph aber im Deutschen setzen, wenn man bei einem Genitiv oder bei einer Verbindung eines Namens mit ‚-sche(r)' das Grundsubstantiv verdeutlichen möchte (z. B. Toni's Fahrschule, Einstein'sche Formel).

Fehler-Check

Seite 95

Denke daran: Es zählen alle Fehler! Du musst dich auch entschieden haben für euch/ihr oder Euch/Ihr. Ein Wechseln zwischen Groß- oder Kleinschreibung wäre jeweils ein Fehler. Wenn dir noch zu viele Fehler unterlaufen sind: Gehe den Text jetzt und heute Abend (also zwei Mal im Abstand von mindestens zwei Stunden) nochmals genau (Wort für Wort) durch und schreibe ihn morgen noch einmal als Laufdiktat!

Überprüfe deine Lösung mit dem Diktat auf Seite 95/96.